親面接の実践

子と親を共に支える心理療法

山口素子 著

創元社

はじめに

子ども（幼児から高校生くらいまで）を対象とする心理療法では、並行して親面接を行うことが一般的だ。まず、面接場面に子どもを連れてきて、心理療法の契約を行い、料金を払う主体となるのは親であるという前提がある。子ども自身が心理療法を受けたいということは少なく（まれには見られるがその場合でも）、料金の問題もあり、通常の面接のように、問題を持つ本人（子ども）が全くの主体となることはほとんどない。

それに、子どもの場合、現症歴や現状、日々の様子の変化などを、自ら言語を用いて伝えることには限界があるので、そうした情報を親から得る必要もある。また、子どもの症状はその養育環境と深くかかわっていることが多く、子どもの症状の改善には親の協力が必要な場合も多い。

今まで「親」という言葉を使ってきたが、厳密には親面接の対象者は、両親を中心として、祖父母、その他血縁関係者や、血縁関係になくとも中心的に対象児童の養育にかかわっている人である。対象児が施設に入所している時は、担当職員がそれにあたる場合もある。したがって正確には「保護者面接」と書くべきなのだが、現状としては面接に来られるのは親、特に母親が圧倒的に多い。そのため本書では「親面接」という言葉で代表し、具体的記述では「母親面接」が基軸となっている。

これは、具体的場面を取り上げるとき、「保護者」という漠然とした言葉より「母親」という言葉の方がイメージしやすいと考えたからでもある。もちろん母親以外の保護者の存在を忘れているわけではないし、当然、育児は母親がすべて担うべきだと考えているわけでもない。対象が父親であったり、他の保護者である場合、微妙にニュアンスが異なり、対処法が異なる場合もあると思う。しかし一方、保護者として面接に来られる方の役割としては、性別や関係にかかわらず、子どもに対して「母親的役割」を担っている部分が多いとも思う。「母親面接」を「母親的役割を果たす保護者との面接」と読み替えてもらえれば、より対象が広がり、役に立つところも多いのではないだろうか。

筆者はセラピストとして親面接に多くかかわってきた。また近年はスーパーバイザーとして親面接のスーパーバイズを引き受けることも多い。そうした経験を通して、親面接は、本人自身に集中する個人面接とは違い、子ども、親、その関係性等を同時に考えていかなくてはならない分、様々な難しさがあると常々感じてきた。そこで、本書では、面接の場面やスーパービジョンの場でよく出会う疑問や困難さを手がかりとして、親面接（保護者面接）のあり方を論じたい。

※本文中では、セラピストの疑問・困難さは Q㋝、
　クライエントの疑問・困難さは Q㋗ で表している。

目　次

第1章

面接の軸

第１節　誰のための面接か？

Q㋝「親面接では何を聞いたらよいのですか？　子どものことだけを聞くのですか？　親個人のことを聞く（あるいは聞くのはいけない）のでしょうか？」

最近は大学院生のスーパーバイズを引き受けることが多いが、院生が初めて親面接を受け持つ時に必ずと言っていいほど出る質問だ。個人面接であれば、主訴を聞き、クライエントが話したいことに耳を傾け、見立てのために現症歴、生育歴、家族関係等の情報を補完していくという流れになる。インテーカーの関心は当然クライエント自身へと集中する。しかし、子どもの問題で来談した親との面接では、インテーカーはその関心を子どもに向けるべきだと考えるし、そうすると、目の前の親とはどう付き合ったらよいのか混乱するのだろう。

河合（1986）は親子並行面接には極端に二分して考えると以下の二つの方法があると指摘している。すなわち、あくまで子どもの治療を中心と考えて親の面接をその補助手段とするあり方と、母親を心理療法の中心として扱い、その自己実現の道を追求していくことを第一義とするあり方である。

前者では最初の問いの答えは「子どものための面接だから、子どものことを聞いてください」になる。この場合、親面接は、子どもの情報の収集、子どもの変化のためにどうすればよいかという親のかかわり方へのアドバイス、または教育的指導が中心となる。後者では答えは「親の自己実現が目的であるから、親に集中しましょう」となるだろう。

河合は、ロジャースの来談者中心療法の影響が強かった初期の日本の臨床現場では、母親に対してあくまで来談者中心の態度で接していこうとして、児童の問題がどのようなことであれ、できる限り指示を与えない、つまりあくまで母親自身が問題解決の道を見つけていくという態度を重視していたという。そのために、(児童の治療に対し専門的な意見を求め来談した）親の意欲を下げ、治療の中断をもたらすことさえあり、このような点が反省され、親に対して適切な指示や支持が与えられるようになったとしている。

一方、精神分析的アプローチの場では、その歴史的推移が逆であるとされる。中村（2006）によれば、フロイトは自らの創始した精神分析療法において患者の家族や配偶者は治療の妨げになり治療を混乱させるものであると長くみなしていたという。「患者の近親者はしばしば患者が健康になることよりもむしろ現在のままでいてくれることの方に関心を示す」(Freud, 1917）のであり、最終的に家族は分析治療においては（患者が示す内的抵抗に対し）外的抵抗という名の「重要な邪魔者」とされたとしている。

中村（2006）によれば、この父を継ぐアンナ・フロイトは成人と違い親に連れられてくる児童を多く治療の対象としたため、その間待たせている親にどのように対処したらいいかについて腐心したという。結果的に彼女が児童を分析治療し、その間、主にソーシャルワーカーが親の相手をするという構造に定着した。ソーシャルワーカーによる親面接は副であり、ソーシャルワーカーは家庭での児童のありようを聴取し、ここで得られた情報を分析医に報告し、治療の補助としていた。さらに場合によっては親教育を行ったり、児童を不安に陥れる母親からの干渉を阻止しようとしたという。

このように心理療法の歴史的推移から見ても、親面接が「子どものためのもの」か「親のためのものか」という問いは常に発せられ、その推移の中で、どちらも大切という折衷説に落ち着くことになる。厳密に言えば、心理療法は根本において個々の事例に即して多様なあり方をとるものであり、極端な二分法で説明できるようなあり方はそもそも機能しない。どのセラピーも、実際の面接過程では、それが機能しているセラピーであれば、なにかしら折衷的な方法になっているものだ。

しかしなにもかも折衷と言ってしまうと、面接者の基本的な態度、面接の軸がぶれてしまい、焦点がぼやけて何をしているのかわからなくなる危険性も出てくる。そこで、親面接においては「誰のための面接か？」という問いとは別の観点を立てる必要性を感じる。

第２節　誰と会うのか？

この問いへの答えはもちろん「親と会っている」だ。とはいえ、通常の心理面接では当たり前のこの事実が、こと親面接ではそれほど自明でなくなるのが現実だ。セラピストの視線が、目の前の親を通り越して常に子どもへと向けられ、子どものことだけを考えている、つまり親を面前にしながら、実は子どもと会っていることがよくあるのだ。

この場合、セラピストは子どものことを熱心に考え、子どもの状態、気持ちを親に伝え、理解してもらい、親として改善してもらいたい点を伝える。もともと子どものことで来談しているのだから、こうしたセラピストの態度は親の希望に沿ったものである。その指摘に沿って子どもの問題の改善のために努力しその通りに行動できれば、親子並行面接はうまく機能するだろう。しかし、このような理解・改善は、親自身がかなりのエネルギーを使い、様々な苦労やストレスを抱えながら動いていることによるものであり、その部分を親が自分で担えているからこその結果であると言える。ここで、セラピストの視線が子どもだけに注がれていると、こうした親側の思い、状況に目がいかず、親自身がつらい思いをすることもある。

不登校の親の会等に参加している方から、「子どものセラピーのために親もカウンセリングに行っているけれど、つらいからここに来て力をもらっている」といった話が時に出ると聞く。親や子どもが何らかの変容を求める場合，つらく苦しいシーンも出てくるであろう。そうした場合、当事者の会やピアカウンセリング等と個人面接は互いに補い合うことができるとも思う。しかし、それが親面接の担当者が子どもだけを見て、親自身に会うことを怠っていることに起因するならば、それは避けるべきことであると思う。

それに対し、親自身へのまなざし、「親自身に会っている」という軸を忘れないでいると、たとえ話題が子ども中心であっても、見えるもの感じるものが違ってくると思う。親自身を見ていると、子どもについてのアドバイスが時に苦しそうに受け取られていることなどに気づきやすい。

西田（2006）は情緒障害児短期治療施設（現・児童心理治療施設）の現場での親面接について報告しているが、その目的を「あくまで子どもが帰っていく場所としての家族機能を高めるため、保護者に共同治療者になってもらうこと」としている。つまり親面接はあくまで子どもの治療の補助という立場である。しかしその報告を子細に見ていくと、共同治療者としての親個人へのまなざしを失わず、自身もまた様々な問題を抱えているであろう親へのねぎらい、支持、尊重に心がけ、心理教育や、ペアトレーニングへの導入の際も、あてつけがましい指示と受け取られないように留意しながら、その努力の成果をフィードバックしている。これらを通して、自分の生活やペースを他の人から理解、尊重されたり、大事にされた経験が少なかったのではないかと想像される生育歴が多い保護者に対して、援助者がその支持、尊重を伝えることで、それを保護者がモデルとして取り込み、子どもへの支持、尊重へとつながることを期待している。そこでは、子ども中心という立場に立ちながらも、親自身へのまなざしが忘れられることはない。そして結局のところそうしたあり方が、子どもへと返り、子どもの変化へとつながっていくということだろう。

それとは逆に一見親自身に焦点を当て話題の中心としているように見えても、子どもの問題行動の原因を親に求め、子どもを改善するために、親の状態を分析し、親が自分自身の問題に気づき変化することを求める態度に終始する場合は、結局視線は子どもにのみ向けられており、親は子どもの状況改善のための道具とみなされることになる。

つまり、ここで大事なことは、子どものことを話題の中心とするか、親のことを中心とするかという点ではない。また、「親自身に会う」とは、上記の「親自身の自己実現を目指す」ということではないことに留意してほしい。親面接の基本的態度として、親担当セラピストは「子どものことに悩み（あるいは悩まず）、来談した（来談させられた）親自身に会っている」という態度を忘れないことが重要なのだ。

第３節　親面接と母親元型

Ｑ㋝「親がちっとも変わってくれません。これでは子どもの治療が進みません。」「子どもの問題は親のせいでは？」

とはいえ、親子並行面接では上記のような愚痴が親担当セラピストと子ども担当セラピストの間で、もしくはセラピスト自身の内面で、強い感情を伴って繰り返しわき起こることを経験者は知っていると思う。今まで述べてきた、親自身へのまなざしを忘れずに、親自身に会っていくという、心理面接ではある意味自明であるはずのことが、こと親面接になると難しいのはなぜか。セラピーが行き詰まると、それを何か外的要因に帰してしまいたくなることは、たとえ専門家としてのセラピストであっても残念ながら起こってしまいがちだが、その外的要因として、最も挙げられやすいのが親、特に母親ではないかとも思う。なぜこのような反応が容易に起こるのかを、ユングの母親元型という観点から少し考えてみたい。

ユング（Jung, 1927）は心の構造として3つの層を考えた。意識と個人的無意識、集合的無意識の三層である。このうち個人的無意識は、第一にはその強さを失ったり忘れ去られたか、あるいは意識から撤退したもののすべての内容、第二には意識に届くほどの強さを持たないままともかく心に組み込まれたいくつかの感覚的印象からなっているとしている。これに対して集合的無意識とは、個人的なものではなく、すべての人間にとって共通するようなものであり、先祖から受け継いだ表象可能性の遺産として、個人の心の真の基礎となるものであるとしている。

そしてこの集合的無意識の内容の表現の中に共通した型を見出すことができると考え、それを元型と名づけた。ここで注意しておくべき点は元型と元型イメージの区別である。ユングは元型それ自体は表象不可能であり、表現形態（元型イメージ）を通してのみ明らかになる仮説的な存在であると考えた。つまり元型は人が集合的無意識の内にもつ基本的な型であり、それが人の意識に浮かび上がってきたものが元型イメージである。

例えば、あらゆる文化、時代において、人は「神」という概念を作り出す。「神は死んだ」という時代においても、それは死んでしまった「神」という概念を前提としている。この「神」というものを作り出す型が元型である。一方この「神」の姿は様々な文化や時代によって多様である。キリスト教、仏教、イスラム教の神々を始め、日本の自然の中に存在する八百万《やおよろず》の神々も、それぞれ千差万別な姿や特徴を持つ。また、アニメ等に描かれる神々や個人の意識に浮かび上がる個人的な神の姿もある。このように時代や文化、個人を通して意識に浮かび上がってきた神の姿が元型イメージである。

この「神」という元型を考えるとわかりやすいが、元型の特徴はそのヌミノース（意志という恣意的な力によって引き起こし得ない力動的な作用、もしくは効果：Jung, 1937）性で、無意識的で自律的なことである。意識に浮かび上がる時 、それは強力で圧倒的な、抵抗し難いエネルギーを持つ。また元型は両面的な特徴を持ち、元型イメージとして現れた時、肯定的、否定的両方の側面を持つ。神には、救う、慈悲深さなどの側面がある一方、断罪し滅ぼすといった側面もあるのだ。この両極性は人の心には支えがたいものであるため、通常片方の側面のみが意識されやすい。つまり元型の分裂が起こりやすい。「よき神」と「悪しき神」が別々に認識されるように。グリム童話の収集において、実母と継母はもともと同じ母であったのが、それでは受け入れがたいとされ、よき母＝実母、悪い母＝継母へと変えられたのもこのためだと考えられる。

また個人は元型そのものを生きることはできない。元型が無限のエネルギーと両極性、ヌミノース性を持っているのに対し、個人の人格は制限を持つ。神的なエネルギーに触れ個人の人格を発展、変容させることはできても、人は神にはなれない。人が神という元型を生きていると思うのは自我肥大、もしくは精神病の状態であると言える。

「神」の他にも元型は無数に存在するが、影、アニマ・アニムス、母親元型などがユング心理学ではよく取り上げられる。中でも母親元型はあらゆる人にとって身近な存在であろう。ユング（Jung, 1954）は様々な宗教にある母神に共通して見られる「母なるもの」の特性として、女性的な気配りや共感性、魔術的な権威、理性とは違う知恵と精神的高揚、援助的な本能と衝動、優しさや恵み深さ、保護し支えるもの、成長と豊穣を支えるもの、不思議な変容や再生の場などを挙げた。また一方で、秘密の、隠されたもの、深淵、死者の世界、呑み込み、誘惑し、毒を盛るもの、恐れを掻き立て運命のごとく逃れられないものという特徴を持つとした。この一方では産み、守り、育み、一方ではつかんで離さず飲み込む、強力な力を持つ母の元型を太母（Great mother）とよび、その両面性を「慈しむ母、良き母（Loving mother）」と「恐ろしい母（Terrible mother）」として定式化した。

母親コンプレックスという語がごく一般的であるように、それがポジティブなマザーコンプレックスであれネガティブなマザーコンプレックスであれ、よく見られるコンプレックスだ。多くの人は自分はマザーコンプレックスとは無縁だ、もしくは克服したと思っているが、実際はそこから自由である人間は自分が思っているほど多くはないと思う。それほどこの「母親元型」は強力な力を持ち、親子並行面接という場では特に布置されやすい。セラピストは容易に「太母」の中の「よき母」を現実の個人的な母に投影しがちであり、「よき母」として子どもにできることを当然のように母親に求めがちだ。

またクライエントである母親も「よき母」であろうとする。しかし母親は様々な制限や事情を持つ現実の個人としての母であるから、元型的な「よき母」の役割を全うすることはできない。そのできない部分が大きすぎると、セラピストのコンプレックスは逆転し、今度は「恐ろしい母」を母親に投影しはじめる。そして「子どもの問題は母親のせいだ」「母親が変わらないから子どもが治らないのだ」というパッションとでもいえそうな強い思いに取りつかれることになる。また母親自身も「よき母」になれない自分に「恐ろしい母」のレッテルを張り身動きが取れなくなる。ここでの過ちは、「母」という元型を現実の母と同一視し、母親に癒しの神としての「よき母」を求めすぎることだろう。

第4節　全体的存在としての母親

このように、「母親元型」は強力であるため、現実生活においても、親子並行面接の場では特に、ひとたび「母親」という名前を背負った女性は母親以外のすべての要素をなきものとされることが多い。通常、心理面接に訪れる人は基本的にその人格をそのネガティブな面も含めて、尊重され、受け入れられることを出発点とする。しかし「母親面接」と名がつくと、出発からこの点がないがしろにされ、母親は一人の人としてではなくただの「母親」、しかも「よき母」のみであることを要請されることが多いのだ。母親なのだから、自分自身はさておき、もっと言えばすべてを犠牲にしても、子どものために尽くすべきだという思い込みが、私たちセラピストの中に潜んでいないだろうか。

子どもの症状改善のために始まった親子並行面接では、母親に適切なアドバイスがなされ、母親はそれを実行することが期待される。この場合母親はプロフェッショナルな治療グループの一員、共同治療者とみなされる。このことで上述のように（5頁）母親の自尊心が尊重され母親自身が支えられる場合、また母親にそれに足る力がある時、この方法は成功する。

しかし一方でこうした「子どものための」アドバイスがうまく受け入れられないことも多い。それができない時も、できない母親へのまなざしが失われなければよいのだが、多くの場合、セラピストが問題はこの有用なアドバイスを受け入れられず、実行できない母親のほうにあり、そのために子どもが苦しんでいるのだという解釈に身を委ねたくなる。

そしていわゆる「母原病」というレッテルを貼られた母親は罪悪感に苦しむことになり、自分自身の苦しみや寄る辺なさ、葛藤を尊重されていないと感じるだろう。母親面接では自分は子どもをよくするための道具であり、自分自身はどうでもいいのだと。こうした問題は母親という女性が「母」という要素のみで構成されていると思われがちなことから起こる。

仮にクライエントをＡさんとする。Ａさんの中の母親の部分は、母親に対してのアドバイスを適切だと思い（適切でない場合もあるが、反論できないことが多い）、それを受け入れようと思う。しかし一方でＡさんの中にある子どもの部分、女の部分、職業人の部分、その他もろもろのどこかがそれに抵抗する、あるいは目に見えていない背景がそれを許さない、それだけの余力がない、どうしたらよいのか苦しいなどの事態が起こる。しかしそうした部分はセラピストから問題行動として無視される、あるいは批判される。

また時には「セラピストが何を言っているのか全くわからない。でもわからないと怒られる、あそこへ相談に行くのはいやだ……」と思うかもしれない。セラピストが一段上からアドバイスしてくれるから頼ってしまって考えることを放棄してしまう人もいれば、それがなんだか気に入らなくていらいらする人もいるだろう。私たちが母親面接で出会う人たちは、こうした母という一部分を持った一人の人間であることを忘れてはならない。ある人は母の部分がかなり強く、またある人はかなりその部分が弱いとしても。

一方でいわゆる母親中心主義、つまり母親は母親である前に一人の人間なのだから、母親個人に焦点を当てなければならないという立場では、Ａさんの生育歴や問題などにもっぱら耳を傾けようとする。この場合、母親自身のことを聞かなくてはならないのだからという点に力が入りすぎ、母親が子どものことを話し出すと、話がそれたと母親自身の話に戻してしまうといったことが起こりがちだ。これは子どものほうにのみ目がいっている場合に、母親自身の気持ちや悩みが語られた時に、強引に話を子どもの話題に戻すやり方の逆バージョンだ。こうした態度も母親自身を大切にしているのだと言いながらどこか硬直している。人によってはセラピストのこうした態度に、水を得た魚のように自分のことを語りだすこともあるが、一方で子どものことで相談に来ているのに、なぜ自分のことばかり話さなくてはいけないのかいぶかる母親もいるだろう。また自分が問題だと思われているのだと感じる人もいる。

ここで問題なのは「母親である前に」のこの「前」という部分ではないだろうか。母親は現在母親なのだから、前にも後にも母親だ。母親という部分を切り離してはその人自身が成り立たない。Ａさんは母親だけではないのと同時に、母親ではないＡさん自身というのも存在しないのだ。「母親である前に」という立場をとる時、それもまた母親という部分に逆の意味でとらわれすぎているのかもしれない。

「母親面接」ではセラピストは母親でありなおかつ母親でない部分も持つ全体としての一人の人間として、クライエントＡさんに出会うということが肝心だと思う。

母親に「母」という偉大なる癒しの神を投影するのではなく、様々な側面や背景を抱え持ちながら、子どもの問題を主訴として来談した一人の人間としての母親に出会うことが「母親面接」の第一歩であり、基本的な軸であると考える。

第2章

面接の進め方

第１節　インテーク

1　主訴の重要性

Q㋝「個人面接と違い主訴がない親面接は、どうインテークしたらよいのですか？」

親面接、特にインテークにおいてこうした訴えを耳にする。これはクライエントの訴えが「子どもの問題」を何とかしたいということで、「本人の問題」ではないと考えるからだろう。そのため、先にあげた問い、すなわち「親面接（特にインテーク）では何を聞いたらよいのですか？」（２頁）という問いが再び現れる。

一般に心理面接のインテークでは、まず「主訴」を聞き取ることから始まるが、こと親面接に関しては、このことが忘れられることが多いように思う。いきなり子どもの状態のチェックリストを一つずつ質問していくといったやり方も結構あるのではないだろうか。しかしはたして親面接に主訴はないのだろうか。

少し視野を広げるならば、親にとって個人差はあるにせよ、子どもと過ごす時間は多く、そこに多くのエネルギーを注ぎ多大な関心事であることは間違いない。だから、子どものこと≠自分のこと、とするより、子どものこと＝自分のこと、もしくは子どものこと≒自分のこと、という親も多いのではないだろうか。それが言い過ぎであったとしても、少なくとも子どものことは親自身の生活と深くかかわり、混じり合っており、親個人の問題とはっきり分けて考えられることではない。このようにみると、「子どもの問題を何とかしたい」という主訴は「子どもとかかわる自分の問題を何とかしたい」と読み取ることもでき、そこに明確な訴えと意思が認められるならば、立派な主訴であると考えられ、尊重されるべきものだと思う。

親面接の主訴があるか否かは、その内容が子どものことか自分のことかという区別ではなく、相談にかける主体性の程度から見なくてはいけないと思う。子どもの問題を何とかしたいという相談からは、子どもの問題を何とか解決してほしい、という訴えがまず前面にあるにせよ、そこに自分ができることがあるのならやりたい、または（多くは不安を伴いながら）自分の子育てに問題があるのなら、何とかしたいという思いが伝わってくることがある。だとしたらそれは立派な主訴であると考えられる。

一方、クライエントの中には、「子どもがおかしい、何とかしてほしい」という訴えのみが強調され、親子並行面接を提案しても、問題は子どもなのだから、私には必要ないと主張する人もいる。それが、極度に不安が強く防衛的であるからか、あるいは解離もしくはそれに近い状態での否認であるのかなどの差はあるにせよ、これらは主訴が弱い、あるいは主訴がないと判断される。

また、自分は何の問題も感じてはいないが、教師やその他周りの人から相談に行け、と言われたから来たという人もいる。あるいは、子どもが「お母さんも行ってほしい」あるいは「お母さんが行ってほしい」と言うので来談したという人もいる。これらの場合、来談のきっかけは外発的で、一見主訴がないようにも見える。しかし実際にはそれをどう受け止めたかにより、主訴のあるなし、強さの程度が違ってくる。すなわち、きっかけは何であれ、自分も何か考えなくてはいけないと思うレベルから、人から言われたから来たけれど、自分は全く来談の必要性を感じていない、つまり主訴がないというレベルまでだ。

もう少し具体的に考えてみよう。主訴として、例えば「子どもが髪を抜いてしまい、いくら止めてもやめません。どうしたらいいでしょうか？」といったものがある。子どもに何らかの問題行動があり、それを解消するためにどうしたらよいのかわからないので教えてほしい、という代表的なパターンである。

また、「子どもが幼稚園で落ち着きがなく、友達をたたいたりします。どうしたらよいでしょうか？　私の育て方が悪かったのでしょうか？」といったものもある。この場合子どものことをどうしたらよいかという問いとともに、自分自身への不安等が含まれている。最初の例のような場合でも、よく聞いていくとこの後半の部分（私の育て方が〜）が含まれていることも多い。この部分は、自分のことではなく、「父親が厳しすぎるからでしょうか？」など父親、舅や姑、もしくは教育指導者等に置きかわることもある。

「子どもが学校に行きません。今までいろいろな相談機関に行き、子どもへの治療を受けましたがどうにもなりません。実は私自身の生き方が影響しているのではないかと最近思います。そのことを相談したい」といった主訴では、重点は自分自身の問題に置かれている。こうした主訴では母子並行ではなく、母親のみの来談であることもある。

時には、子どものあり方に不安を感じる、問題があるという主訴であっても、実際子どもに会ってみると、親が言うほどの問題を感じとれないこともある。こういう場合、「お子様には問題がありません。セラピーの必要はありません。」と言って済ませることもできるが、「子どもの状態が気にかかって仕方がない」という主訴を尊重し面接を進めると、気になっているのは親自身の内にある子どもであり、この内的子ども像から発展して、自身のあり方を考え始めることもある。また、セラピストをはじめ周りの誰もが（例えば学校関係者など）気づかなかった、子ども自身の問題が顕在化することもある。ここでも、主訴というものを大事にしたい。
それとは逆に、「学校の担任が、子どもが授業中一言も発言しない、友達とも話さないという。家では話しているし、自分も無口な方なので気にしていないが、とにかく専門機関に相談してみてと言われて来た」というように、一見本人の主訴がない場合もある。時には、「子どもが荒れていてひどい有様です。こうなったのはお前のせいなのだからお前がどうにかしろと言われて」、または「子どもがおかしいから治してほしい。自分は来いと言われたから来たが、今後来るつもりも必要性もない」と言う人もいる。
いくつか挙げただけでも、子どもの相談といっても、何を一番の問題として訴えているか、もしくは訴えていないかは様々だ。そうした主訴をしっかりと聞かずに、先述のように（14頁）、子どもの相談なのだからと、いきなり子どもの状態を調べるチェックリストを一つずつ聞いていくという会い方や、子どもの状態のみで治療方針を決めるのは乱暴だろう。主体として来談した人の気持ちをまず尊重し、何を相談したいのかにまず耳を傾けることは、たとえ親面接であっても基本だと思う。その姿勢でじっくりと耳を傾けると、表面上のあるいはとりあえずの主訴とは違った本当の主訴が見えてくることもある。また母親は子どもを取り巻く環境の中でも大きな部分を担っているので、子どもの状況をしっかりと把握するという点からも、まず母親そのものにきちんと目を向けることは肝要だ。
主訴を尊重すると述べたが、それは主訴を鵜呑みにすることではない。また主訴にのみ集中してその他のことは取り上げないということではない。主訴はあくまでも現時点でのクライエントの意識でとらえられた問題であり、その背後に他の問題が隠れていることもあるし、意図的に隠していることもある。先の例にあった「自分は気にしていない」という言葉も本当に気にしていない場合もあれば、実際はその裏に強い不安等が隠されていて、「触れてくれるな」というサインの場合もある。「私の育て方が悪かったのか？」という問いも、実は自分の母にいつも子育てについて批判されているという事実とそれにまつわる葛藤をまだ口にしていないのかもしれない。こうした様々な可能性を念頭に置きつつ、それでもまずはクライエントの主訴を尊重し、受け止めること、こちらの一方的な方針や思い込みで事を進めないこと、それがクライエントの信用を得、治療共同体としてのラポールを形成する第一歩であると思う。

来談した親の主訴を十分に尊重しつつ、その主訴の強さや程度とモチベーションの高さ、主訴の内容をどのくらい言語化できるかなどを、きちんと見極めることが、クライエント自身の自我の強さや病態水準といった「見立て」へとつながり、それは子どもの見立てと密接につながってくる。

2　何を聞き取るか？

そうした意味で、インテークではまず前半はじっくりとクライエントの主訴に耳を傾けることがよいと思う。通常の心理面接ではまずは主訴を聞き、その後に見立てに必要な情報で主訴からは聞き取れなかった部分を補足していく。すなわち、生育歴や現症歴、家族の情報、現在の環境等である。

では親面接では何を補足していくべきであろう。ここで最優先されるべきものは子どもに関しての情報だろう。この部分が通常の心理面接と異なるところだ。上述したように主訴の内容、重点の置き方は様々であったとしても、「子どものことについての相談」という大前提があるので、何はともあれ、子どもの見立てが必要となり、そのための情報が不可欠だ。

ここで聞き取らなくてはならないことは、子どもの出生時の様子、生育歴、問題歴（これまでの他機関への相談、受診歴を含む）、家族（親、祖父母、きょうだい、その他かかわりのある人）との関係、今回の問題について家族がどうかかわっているか、あるいはかかわっていないか、保育園、幼稚園、学校での様子（他児との関係、学力や学習面でのつまずき等）、育児の難しさや疑問点、などである。これらを念頭に主訴の中で語られなかった部分を補足していく。多くの機関で申込用紙の記入を求めていると思うので、この段階でそこに書かれていないこと、抜け落ちていること等を埋めていくのもよいであろう。また先に述べたチェックリストもここでは役に立つ。チェックリストが悪いとか無用であるというのではもちろんない。

この聞き取りでは、どうしても問題点、うまくいってない所を多く取り上げるので、それだけで親としては気分が落ち込むことも多々ある。そのため、子どもの得意なこと、好きなこと、子育ての中での成功体験（こうしたらうまくいった）等を質問しておくのもよいと思う。それはクライエントのためだけではなく、ネガティブなことのみに集中しがちなセラピストの視野を広げ、クライエントやその子どもを総合的に判断するためにも役に立つ。

主訴が「子どものことで相談したい、どうしたらよいか」というものであれば、インテークではここまででよいと思う。ここで母親自身のことに話を向けると、子どもの問題は自分のせいだと思われているのではないかという警戒心を持たれやすい。子どもの問題は育て方のせいだという考え方はごく一般的で、そう言われた体験、あるいは言われなくても思ってしまう体験をほとんどの母親がしてきているので、セラピストがごくニュートラルに質問したつもりでも、責められている、勘繰られていると取られることも多い。そのため母親自身のことだけではなく、子育ての体験を聞き取る時も十分に注意したほうがよい。

一方、主訴が子どものことが入り口であっても「自分自身のことや家族関係についても考えたい」というものであった場合は、その考えたい自分自身のこと、家族関係等についても聞き取ることが必要になる。子どもについての相談がメインなのだからと、この点に触れないと、この場合は逆に主訴が十分に受け取られていないという不全感をクライエントにもたらすだろう。

3 見立て

（1）子どもの見立て

親子並行面接では、まず子どもの問題で相談に来ており、子どもの状態を専門家としてどう見るのか、またその対応の仕方を知りたいというのが、第一の主訴であることがほとんどなので、子どもの見立てが必要不可欠だ。すなわち、子どもの心身両面の発達的側面、人間関係や心の状態、パーソナリティや自我のあり方などを吟味しながら、現時点で問題とされる症状、状態がどこから来ていると考えられるのか、今後の見通しはどうかといった見立てである。ここをあいまいにしてしまうと、当然相談機関への不信感、不満足がおこるだろう。

この見立てのためには、親面接で得た情報と、子どものインテークで得られた子ども担当のセラピストからの情報、臨床像、見立てとをすり合わせる必要がある。ここで、両セラピストの印象、見立てがほぼ同じである場合と、ずいぶん食い違っている場合が出てくる。この点もまた見立てに反映される。その食い違いがどこから来るのかは十分に検討されなくてはならないが、両担当者間の食い違いが大きい場合は、より難しい展開になることも多い。

個人面接では、ケース会議等の段階を経る機関を除き、インテークの最後にセラピストの見立てを伝えることが多いと思うが、親子並行面接では、親担当、子ども担当のそれぞれのすり合わせというこのステップを挟むため、インテーク後にセラピスト同士の話し合いを経て、その次の回に見立てを伝えるという段取りの方がよいと思う。見立てを伝えてから、面接への導入、あるいはリファー（他機関への紹介）等を伝えることとなるので、厳密に言えば、親子並行面接のインテークは最低２回が必要と考える。

（2）親の見立て

子どもの問題を主訴とする親面接でも、親の「見立て」は当然ながら必要だ。先に子どもの養育に関するセラピスト側の知識の提供、提案等が比較的受け入れられる場合と、そのような言葉がクライエントに全く有効に働かない場合があると述べたが（10頁）、この違いは親の心理状態に関係することも多く、今後の治療の展開のためにも、親自身の見立てもまた重要となってくる。

インテークでは親が自身のことを問題とし自発的に語る場合を除き、主に子どもの状態についての聞き取りとなるため、親の見立てのための情報は限られる。しかし、臨床像や、語り口、子どもの現状についての把握力、治療に対する意欲、不安の強さ等から、親の見立てもある程度可能である。

畑中他（2016）は発達障害児へのプレイセラピーの研究の一環として、親子並行面接の事例を親と子それぞれを発達障害群と非発達障害群に分け、その組み合わせによって４つのグループに分類した。そして全15事例に６か月のセラピーを行った後、それぞれを代表する一面接のプロセスを考察している。

ここでは親面接への考察を主に取り上げるが、まず子どもは発達障害で親は非発達障害の場合についてである。この群では、子どもは発達障害的特徴を示すが、母親の自然なかかわりからは、それが母子関係や環境に起因するものとは考えにくく、器質性の要因がベースになっていると考えられた。この場合、母親面接は子どもの特性やプレイセラピーによる変化を見守り理解する視点を提供するとともに、その過程で母親が感じやすい不安を受け止め、それが保護者自身の内省の場としても機能した。

次に、親子ともに発達障害の群では保護者に子どもの特性を理解するように促すことは、かえって保護者自身の混乱を助長する可能性が高いこと、親子のあり方を是正していくというよりも、子どもの遊びや保護者の語りに、それぞれのセラピストが寄り添っていくことで、親子それぞれの中であいまいであった中心軸がはっきりとし、それにより親の子どもに対する具体的理解のポイントも見つけやすくなったことが述べられている。

親が発達障害で、子どもは非発達障害の一事例は、言葉の遅れや学校でのやや不適応な行動から発達障害の可能性を疑われて来談した事例だが、インテークの見立てでは、生育歴、現時点での関係性を築く能力、象徴性の表出等から、子どもは発達障害の範疇ではないとされた。一方親は子どもの表現を理解したり、それを受け止める視点が弱いこと、母親自身が行動をコントロールしにくいことや、少しでも不安が喚起されると否定的な言動として表出される傾向が見られることから、発達障害群と見立てられた。この事例でも、保護者のあり方への指導介入はせず、また内省を求めることもなく、子どもについてのわからなさを受け止める場を提供することで、理解できないことからくるストレスが軽減し落ち着いていき、自分とは異なる存在としての子どもをとらえることができるようになったと報告されている。これらの結果から、子どもの障害のみならず、母親の状態、母と子の関係性を加味し、それぞれに適切な面接をすることの有用性が結論づけられている。

この研究は発達障害に焦点を当てたものなので、親子ともに非発達障害群については取り上げられていない。しかし、一般の相談機関ではこの取り合わせも、もちろん多い。発達障害は神経症その他に置き換えられるし、あるいはそれぞれを組み合わせても様々なパターンが存在する。また傾向としては群として分けられるとしても、同じ群内でも実際には一人一人が違う特徴や事情を抱えている。結局一人一人に寄り添う形で、その人にとって一番有効な面接を提供することが求められる。そのためにも、まず見立てが必要である。

ときに見立てを忌避する傾向のあるセラピストがいる。そこには二つの傾向があるように思う。一つは見立てを、セラピスト主導の綿密な治療計画とセットとして考え、そのような硬直した指示的治療のあり方への反発からくるもののようだ。しかし、本書で言う見立ては、あくまでもインテークの段階でクライエントの状態をどうとらえるか、大まかな予想として、当面どのような会い方をしたほうがよいか、どのような展開を予想するかというものであり、最初に厳密な治療計画を立て、その通りにセラピーを行っていくためのものではない。

もう一つは特に初心者に多いが、見立てをすることへの自信のなさからくるものだ。知識や経験不足からはっきりとした見立てがわからない、まちがっていたら怖い、といった心境から見立てを忌避してしまう。が、ここで大切なのはその見立てが正しいかどうかではなく、とりあえず自分がどう考えるか、どう感じるかをはっきりと言葉に出してみるということだ。

そもそもインテーク１回もしくは数回の情報で、正確な見立てをすることなど不可能に近い。こう言うと批判を浴びそうにも思うが、筆者は人の心は簡単に見通せるほど単純なものではないと思っている。ならば見立てなど不可能または不要ではと言われそうだが、見立てをしないままだとずっと見立てられないとも思っている。不完全であっても自分はこう見るという仮定があればこそ、面接の経過中、自分の見立てと異なったことが出てきた時にそれを修正できる。心理面接はこの修正と微調整の連続だと考える。見立てがぼんやりしたまま会っていると、見立てとは異なる事態に気づきにくい。また言葉にしないからこそ、無意識に抱いているクライエント像に振り回されるといったことも起こる。

であるから、正確な見立てではないことを恐れずに、まずは見立ててみること、そこにセラピストが能動的にかかわり、主体を懸けることが重要と考える。見立てが難しい場合もそれこそが見立てである場合もあるので、はっきり意識化しておくことだ。繰り返しになるが、見立てはあくまでもインテーク時の仮定であり、柔軟に修正されていくものである。

4 親子並行面接への導入

(1) プレイセラピーへの導入

さて、見立てののち、相談を引き受けることが可能と判断した場合、次にはプレイセラピーと親子並行面接への導入となる。子どもの問題に身体的疾病要因が疑われる場合や福祉的手当てが必要な場合は、そちらへとリファーするか、もしくは保護者の同意のもとで他機関と連携して相談を進めていく。また母親に重篤な精神的、もしくは身体的疾患があり、継続的母親面接が不可能な場合は、プレイセラピーの継続への手立てを考えなければならない。ここでは、そうした場合を除外した上で心理相談が担う領域を取り上げて進める。

この回は、最初の面接後子どもの様子はどうであったか、クライエントがどのように感じたかなどから会話を始めるのが妥当と思われる。そこで、子どもは気に入ってまた行きたいと言っていたというのであれば、導入はしやすいだろう。一方子どもがもうあんなところは嫌だと言うが、引っ張って連れてきた、あるいは親だけで来たという場合は、子どもの様子をしっかりと確認した上で、また対応を考えなくてはいけない。クライエントが、前回の面接に疑問を感じた、あるいは不満を感じた等があれば、どういう点にどう感じたのかをまずはしっかりと聞き取ることが必要である。

それらを加味した上で大切になることは、子どもへの見立てとプレイセラピー（子どもの年齢によってはカウンセリング）の意義、見通しについてきちんと伝えることだ。

例えば、幼稚園で子どもが落ち着きなく動き回り困ると園側から言われ来談したとする。その原因として、共働きの両親に代わり、子どもを大変かわいがり養育の主となっていた祖母が突然亡くなったとか、両親の離婚問題が起こっている、あるいは園で何らかのいざこざがある等、何らかの環境要因による情緒不安定からくる落ち着きのなさなどいろいろ考えられる。あるいは発達障害的要素を持つのかもしれない。この場合もどの程度器質的素因に起因しているか、あるいは二次的障害の要素が強いかなど様々だ。セラピストは、少なくともインテークで得られ検討された結果をわかりやすく丁寧に伝えなければならない。その場合も、「お母さんの育て方が厳しすぎるからですよ」といった受け取り手の気持ちを考えない言い方をしないように心がけるのは当然だ。

Q ク「プレイセラピーってただ遊ぶだけで治るんですか？」

見立てを伝えたのち、この状況において心理面接もしくはプレイセラピーが適応であることを伝える。プレイセラピーは特に何をすることなのかを説明するのが難しく、「遊ぶだけで治るんですか？」という質問を受けやすい。かといってプレイセラピーの意義を、最初にすべて説明しようとするのも無理がある。

導入部では、ただ遊ぶだけではないこと、専門的なかかわりであることを主に伝えることに重点を置けばいいと思う。主に以下の３点くらいがわかりやすいのではないだろうか。

①遊びは大人の言葉に代わる子どもの自己表現のツールであること。この自己表現を通して、子どもは自分自身を理解し、成長し、自ら問題

を解決していく力を発揮するようになること

②また、本来子どもは遊びを通して、現実を模擬的に体験し、現実社会に適応するスキルを身につけていくもので、プレイセラピーとはそうした遊びの経験を提供するものであること

③その表現を的確に受け止め、その過程を促進し、遊びの建設的な側面を活性化するためには、専門家としてのセラピストが必要であること

これらのポイントをわかりやすく伝えたらよいと思う。実際のプレイセラピーは、もっと複雑な機能を持つが、導入としてはある程度明確で、ポジティブな動機付けを目指した方がよいだろう。

例えば、プレイセラピーで表現されるものは、現実で許容されない、攻撃性等のネガティブな感情が多い。だからこそ守られた否定されない空間が必要なのだが、こうしたことはセラピストが知っていることがより重要であって、親にこれらを最初に告げると、不安や自己否定感を掻き立てることも多い。親が積極的により具体的な説明を求める場合は、より詳しく説明しなければならないが、そうでない場合は、プレイセラピーの過程で、いろいろな問題に出会うその時々に説明する方が、クライエントにとっても理解しやすいように思う。

また、セラピーの過程では子どもの状態が一時的に悪くなる、もしくは悪くなったように見えることがあり、そのことを最初に説明しておくというやり方もあるが、これも、逆に不安を与えることもあるので、その時に説明したほうがよいことも多い。これは、プレイ開始数回はむしろ状態がよくなり、そこから本格的な過程に入る時に動揺するというケースが多く、いきなり悪くなることは少ないからでもある。いきなり悪くなる場合は、プレイセラピーの一般的な特性というよりも、その事例の個別性ととらえ対応しなければならないだろう。

Qク「どのくらいで治るんですか？」

このように見立てと導入を示すと、クライエントとしては当然、どのくらいで治るのかという見通しを知りたくなる。残念ながら見通しをはっきりと示すことはできない。ここでもまた「無責任ではないか」という批判があることは承知している。せめて重いか軽いかくらいはわかるだろうという見方もあるが、実際には一、二度のインテークですべてを見通すことはできない。軽そうに見えても思いもかけないものが潜んでいたり、あるいは軽くてもゆっくり時間をかけることが必要であったり、重そうに見えても意外に環境要因が整うと軽快したり、様々だ。見通しと方針をあまりに明瞭に決めてしまうと、その時見落としていたもの、あるいは状況の変化によって新たに出現してきたもの等への柔軟な対応ができなくなる危険性もある。だからここでは「どのくらいかかるかは人それぞれで、はっきりと言えない」ことを伝えるべきだ。それがむしろ専門家としての責任であると思う。できることできないこと、わかることわからないことをはっきりと提示した上で、当該相談機関を利用するか否かを相談者の選択にゆだねるというあり方が重要だと思う。

（2）親面接への導入

Qク「私（親）も面接を受けなくてはならないのですか？」

「はじめに」で述べたが、子どものセラピーの場合、子どもを相談に連れてきて、契約を行い、料金を払うのは親であるという前提がある。子ども自身が心理療法を受けたいということは少なく、料金の問題もあり、通常の面接のように、問題を持つ本人（子ども）が全くの主体となることはほとんどない。それに、子どもが自らの現症歴や現状、日々の様子の変化などを、言語を用いて伝えることには限界があるので、そうした情報を親から得る必要もある。また、子どもの症状はその養育環境と深くかかわっていることが多いので、子どもの症状の改善には親の協力が必要な場合も多い。これらのことから私は基本的には子どもの治療には親子並行面接が望ましいと考えている。

これらの前提の上で、親面接の導入には、相談者に概ね以下の点を伝えたらよいように思う。すなわち親面接が、

①子どもの現実場面（家庭や学校等）での状況や変化を教えてもらう場となり、それが今後の治療過程に役立つこと

②問題解決の方法は一人一人違い、クライエントの子ども自身に最も適した対応方法を、共に考えていく場であること

③子どもの問題に付随して起こる親自身のストレスや不安を話せる場となること

さらに「自分自身のことあるいは他の諸々について考えたい」という主訴がある場合は

④ご自身のことあるいは他の諸々のことを考える場となること

これらを伝えると大半はスムーズに導入できるように思う。必要性は十分理解するものの経済的理由で難しいという時もあるので、そういった場合は減免措置を考える、あるいはそれがない時は、親面接の回数を減らすことなど個々の対応が必要になる。

一方、経済的理由等がない場合でも、親自身の面接をためらう、あるいは必要ないとする人もいる。先に挙げた主訴のないタイプのクライエント（14頁）によく見られる。もしくは、子どものことで相談したいという主訴はあるものの、親の問題だと思われるのではないか、責められるのではな

いかという不安を抱えている人にも見られる。

こうした不安を抱える親には、①や②の部分を強調すると安心してもらえる、あるいは不安を和らげることも多い。

主訴のない人でも、①②③を伝えることで、面接に同意する人もいるが、それでも必要ないと考える人もいる。セラピストからみると明らかに抵抗だと言いたくなることも多いが、主訴に立ち返ってみると、自分には面接は必要ないという訴えなので、それはやはり尊重されるべきだと思う。ここで無理に、子どもの治療のためには親面接が不可欠なのだと押しすぎると、そもそも治療契約自体が成り立たない、親が子どもを連れてこない、連れてきても早期で中断するといった結果を引き起こしかねない。こうした場合、少なくとも子どもを治療の場へ連れてきているのだという事実を重んじ、その意思を尊重して、とりあえず、親にはまず子どもを連れてくる機能を果たしてもらい、最低限の情報収集の手助けをしてもらうことから始めるとよいと思う。子どもを相談機関へ連れてくることもしない、あるいはできない保護者もいる。少なくとも子どもを連れてきているというだけでも親としての機能を果たしていることを心に留めておかねばならない。治療の流れの中で自然に親面接のあり方が変わることもあるし、子どものみのセラピーでも意義はあるので、導入部分では、親子並行面接の意義をある程度理解してもらい、難しい場合は無理をせず適宜対応して、まず子どものセラピーを始めることを念頭に置けばよいだろう。

第2節　初　期

1　セラピストと子育ての経験

Q㊝「子育ての経験がありません。そんな自分に親面接ができるのでしょうか？」

スーパービジョンでよく出る質問だ。特にクライエントより年齢の若い女性のセラピストは引け目を感じてしまうようである。男性のセラピストでは若くてもこういう質問をする人は少ない。子育てという点からは男性セラピスト全体がその経験の少なさに引け目を感じてもよいはずなので、この点から考えても面白いかもしれない。

すなわち、男性セラピストの場合、時代は変わってきているとはいえ、現時点では今後も子育ての経験を密にする展望があまりない場合が多いため、その経験の有無は気にならない、気になるのは専門家としての自分の力量であるとなるのだろう。一方、女性のセラピストの場合、子育てを密に経験する可能性が高いだけに、逆に経験のなさが気になるのかもしれない。

またクライエントの方も、セラピストが男性だと、年齢的なことが多少気になるとしても、まあ専門家だからと見てくれることが多い。それに対し女性セラピストだと、こんな若い人にわかるのかしら、といった感想を持ってしまうこともあり、セラピストもそう思われてしまうことを案じるのだと思う。

親面接ではなく、一般の心理療法の場合は、男女の区別なく若さからくる経験の少なさが気になることはある。自分より年上のクライエントと会う時は特にそうだ。しかし残念ながら心理療法は年齢が上がるほど、経験を積めば積むほどうまくいくとは限らない。ビギナーズラックで初めての事例で難しいプロセスをやり遂げることもある。これはなぜだろうか。

それは、クライエントの体験、人生は、その人のみのものであり、誰も同じ体験をすることができないからだろう。であるから現状の打破の仕方も、その人のみのやり方であり、一般的な方法はない。不登校の子どもはこうすれば登校するといった一般的な解決方法はないのだ。だからセラピストができることは、経験を積んだ上級者としての助言ではなく、何もわからないままとにかくクライエントに付き添い、共に進む中で、その人の生き方を見つけていく同伴者となることであると思う。

その点から言えば親面接でも、セラピストに子育ての経験があるかどうかは問題とならない。子育て経験のあるセラピストが、自分の経験にたよりすぎて、そこからクライエントを評価してしまうくらいなら、なにもわからず必死でクライエントの話に耳を傾ける未経験者の方が、よほど治療的だと思う。

もし初期の段階で、「先生は子育ての経験はおありですか？」と尋ねられたら、ないのならば率直にないと答え、妙に引け目を感じることなく、専門家として共に考えていく覚悟であることを伝えればよいと思う。ただし、この質問にはその背後に別の意味が含まれていることもあることに注意したい。セラピストが若い女性で初期の段階でこの質問がなされた場合は、字義通りの疑念であることも多いが、展開期に入ってからなどは、「親である私の気持ちを理解しているか」といった、セラピストへの不満が含まれていたりする。なので、どうしてその質問をするのかということを問い返したり、場合によってはしなくても、心に留めておく必要があると思われる。

2　まずクライエントの語りを聞く

上述のように、セラピストの子育ての経験のあるなしにかかわらず、クライエントの話を聞くということが鉄則だと思う。通常の面接では、「いかがですか？」といった当たり障りのない問いかけから始めることが多い。一方、親面接の場合、面接の始まりの言葉として「子どもさんはいかがですか？」と尋ねるセラピストも多いのではないだろうか。この問いはごく自然に見えるが、実は一つ問題がある。つまりへたをすると、この質問は「ここでは子どものことしか話してはいけないのだ」というメッセージとしてとらえられるということだ。だからむしろ「子どもさんは」という主語をとり、どうにでも受け取られうる言葉で始めた方が基本的にはよいかもしれない。基本的にはと言ったのは、例えば非常に防衛的であるクライエントの場合では、「子どもさんはどうですか？」とあくまで子どものことということを強調せざるを得ないなど、実際にはケースバイケースであるからだ。

「いかがですか？」というように対象をあいまいに始めても、子どものことで相談に来たのだから、大体は子どものことを話す。たまに、子どもに対する自分の気持ち、不安、最近起こったことなどを話すこともある。また、自分のことが前面に出て子どもはどうしているのだろうと感じさせる人もいる。初期においてはラポールを築くという面からも、どんな形であれ、まずクライエントの語りに任せるという態度が必要だと思う。

自分のことばかり語られる母親に接すると、セラピストが子どもはどうなるのか不安になり、話題を子どもに戻すことがある。そうすると、「自分のことは話してはいけないのだ」と受け取られたり、「子どものことを放っておいて、自分のことばかり考えていると思われた」と傷つくこともある。

一方、クライエントが自分のことを語る場合、その語りにそのまま沿って耳を傾けていると、大概は自然に子どもの話題へと戻っていく。親面接では両者の話題を行きつ戻りつする方が自然で、どちらか一方のみという方がむしろ不自然で硬直したあり方のように思う。

時に自分のことばかりに終始して、子どもについては全く触れないクライエントもいる。一般的なあり方から見ればそれは不自然ではあるが、それこそがそのクライエントの特徴であろうから、それを無理に矯正するのではなく、その人の内的動きに沿っていくというあり方が、やはり心理療法の原則に沿ったものであると考える。

一般的には子どもの話題が中心となることが多いが、子どものことだけを語り、自身の気持ち等に全く触れない人もいる。それはそれでやはりその不自然さが気になったりする。この場合、背後に強い防衛等が潜んでいることも多いので、へたに親自身の話題へと水を向けると、「自分のことを探られているのでは？」「子どもの問題は私のせいと思われている？」などといった警戒を生むことにもなりかねない。ここでも、その不自然さを無理に矯正しようとするのではなく、流れに任せ真摯に対応していると、時々ぽろっと自分のことが出てくる。その時にそれを自然にすくい取ることが大事だと思う。

セラピストが子どもの問題のみに集中している場合、子どもの話に終始することに不自然さを感じないが、そのために母親のこうした動きを見過ごし、母親自身の不安や様々な気持ちへの共感という役割を見失ったり、より幅広い展開への道筋を閉ざしてしまったりする。

3 初期に起こりがちなこと

Q セ「『アドバイスが欲しい』と言われました。」

子どものことで相談に来ているので、面接初期の話題は当然子ども中心になることが一般的だ。まずは母親の語る子どもの姿、問題行動についての話にしっかりと耳を傾けることで、インテークだけでは把握しきれなかった子どもとそれを取り囲む環境の全体像を把握することを心掛けなければならない。しかし、セラピストのこうした態度は、時として母親にとっては聞いているばかりで何も話してくれない、何かアドバイスはないのかといった思いを抱かせることがある。この場合セラピストはどう対応したらよいだろうか。

「アドバイスが欲しい」と訴えられた時、個人心理療法に真面目に取り組んでいる人はついついこんな返答をしてしまう。「ここではアドバイスはできません」。なぜなら「心理療法とはセラピストがアドバイスしたり指示したりするものではなく、クライエントの内から自発的に湧き上がってくる動きをじっと待つものである」という来談者中心療法の原則を学んでいるからだ。

親面接ではこの点で出だしからつまずいてしまう。なぜなら、「子どものことで困って専門家に助言を求めて来ているのに、アドバイスができないってどういうこと？」という反応を引き起こすからだ。

しかし、ではアドバイスをしたらよいのかというと、実際に心理療法をやっている人なら、おいそれと役に立つアドバイスなどないこと、そもそも子どもの問題は一人一人違うので、何が問題で、何が解決策かなどすぐにはわからない、ということも知っているだろう。そういう意味でも「ここではアドバイスはできません」と反応したくなるのだ。しかしその言葉を返す前にもう少し考えてみよう。

確かに「解決のためにはこうしたらよいですよ」という意味でのアドバイスはできないにせよ、少なくともセラピストは、発達障害であったり、不登校であったり、摂食障害であったり、そのような症状についての一般的な理論や一般的対処法は知っているので、少なくともその知識を伝えることはできる。全くの素人の親が自分で専門書を探したり、玉石混淆の書籍やインターネットの情報の中から信頼できる知識を集め取捨選択することは、SNSが発達した現代においても大変な労力を要する。だから専門家としてこれまで習得してきた知識を正しく伝えることは、それだけで十分な援助となりうるのだ。

ただし一方でセラピストは、これらの知識、総括的な症状に対する対処法等が、必ずしもクライエントの子どもにそのまま当てはまり、有用に働くかどうかはわからないことも知っている。問題の解決法は子ども一人一人に沿って見つけ出していくもので、万人に効く方法はないということも知っているのだ。だから、そうした事実をもきちんと母親に伝えることが大切である。誰にでもすぐに効く解決策は残念ながらないということ、クライエントの子ども自身に適した解決法をこれから一緒に考えていきましょうと伝えること、ある意味これもアドバイスと考えられる。アドバイスとは何も解決策を示すことのみをいうのではない。このように考えれば、短絡的に「アドバイスはできません」と答えて、母親をがっかりさせることもないだろう。

時に、特に初心者は、解決策を即座に提示できないことを自らの無能さからくるものではないかと考えがちだ。しかし、むしろ万能の解決策がないことを知っていること、それを自信を持って伝えられることこそが専門性であるとも言える。この自信が伝われば、クライエントもある程度納得して、これからの共同作業への構えを持ってもらえるように思う。これは個人面接でも同じことが言えるのだが、親面接では特に前面に出てくる問題だろう。

アドバイス＝指示的とアレルギー反応を起こしがちだが、親面接の場合、専門的知識からくる（指示ではなく）提案は、クライエントのニーズに沿い、セラピストが専門家であるという安心感を与える。「このような対応方法もありますがいかがですか？」というセラピストの助言を上手に取り入れ、うまく使え、それが役に立つのなら、よいではないか。しかし往々にして、このような提案が全く受け入れられない、あるいは、そのまま鵜呑みにして実行するが全く効果がないということも起こりうる。そういう場合、防衛や依存を強化するだけなので、こうした提案は取りやめるべきだ。初期においては、クライエントがどのタイプなのかを見極めるうえでも、提案というアドバイスを行うことは悪いことではない。

Q㋝「『プレイルームでは何をしているのですか？』と聞かれたらどうしたらよいでしょうか？」

これもよく起こりがちな状況で、多くのセラピストが対応に苦慮する。セラピーの原則として守秘義務がある。子ども担当セラピストには面接のはじめに「ここでのことは誰にも話さないから、何でも自由に遊んでいいよ」といった言葉かけをする人もいるだろう。だから親面接でこういう質問があったと話題になると、とんでもない、絶対に言わないで下さいという反応を起こしがちだ。親担当セラピストも秘密を守ることがセラピーの場を守ることであることを重々知っているので、「プレイセラピーの内容は誰にもお話しできないのです」といった返答をしてしまいがちだ。しかしこれも、多くの母親にとって納得しがたいことではないだろうか。セラピストが丁寧に秘密保持の意義を説明したとしても、それで納得する人はごくわずかだろう。「親にまで秘密にして何をしているのかしら？　そもそも子どものことで相談に来ているのに、子どもが何をしているかわからないって、何のためにここへ来ているのかしら？」といった疑問を持つ方が自然だ。

一方で、子どものための面接だから、当然親にはプレイの内容を全部伝えるべきだ、という考えもあるだろう。そこで、事細かにプレイでの様子を知らせたとする。果たしてそれにどれほどの意味があるだろうか。例えば、最初おとなしかった子が、セラピストを傷つけんばかりの勢いでチャンバラごっこを始め、汚い言葉で罵倒し始めたとする。セラピストにとって、これは、抑圧されていた攻撃性の現れであり、プレイが進行してきているのだろうといった意味に変換される。しかし、専門家ではない親としてはそのように変換することは難しい。訳がわからないまま、「そんな危ないことをするなんて大丈夫か？　プレイセラピーというわけのわからないことをしているからこうなったのでは？　日常場面でもこんな危ないことをするようになったらどうしよう」といった不安が起こってもおかしくない。またそのため、帰宅してから子どもに「プレイでこういうことをしているのでしょう？　あんな危ないことをしちゃだめでしょう」といったダメ出しをするかもしれない。子どもにしてみれば、「誰にも言わないって言ったのに」と思うし、そういう約束をしていなくても、すべて親に知られてしまうとしたら、当然自由な表現、プレイルームの中だけで表出されるプレイというものは失われてしまうだろう。

では、どうしたらよいのか。ここで、もう一度親の言葉、「プレイルームでの様子を聞かせてほしい」を検討してみよう。これを額面通り受け取れば、プレイの内容を事細かに説明するということになるのだが、先にも述べたように、そうしても、非専門家にはその内容の意味を読み取ることは難しい。「で、要するに何をしているのですか？」と聞かれるのがおちだ。だから子ども担当セラピストの反対を押し切って、プレイの内容をそのまま伝える必要はない。そこで何が起きているかを類推できるのは専門家だからだ。母親がこうした言葉で求めているのは、セラピストの見立てであることが多い。すなわち、親担当セラピストと子ども担当セラピストは、それまでの何回かのプレイセラピーで、子どもをどう見立て、その見立てのもとで何が行われ、その結果としてどう変化しているのか、あるいはしていないのかを知りたいということだと思う。こうした言葉を、セラピスト自身の言葉で伝え、まだわからないことはわからないと説明することこそが求められている。そこにセラピスト自身がいることが伝われば、細かな内容を話さなくても大丈夫のように思う。

この要望には、実際には子どものセラピーの中身への問いだけではなく、親担当セラピストへの問いも含まれているのだ。セラピストは、こうした要望が出た時、クライエントの言葉を、字義どおりに受け取るのではなく、本当は何を聞きたいかをじっくりと聞き取り検討し、その問いにセラピストとしてきちんと答える、もしくは答えないという、自らのあり方を示すことが一番大切なことだと思われる。

第３節　展開期

1 子どものセラピーの展開にしたがい起こってくること

Q㋗「子どもの状態がむしろ悪くなったように思えるのですが、大丈夫ですか？」

この時期は、親面接、子どものセラピー共にある程度のラポールが形成され（事例により様々なパターンがあるにせよ）本格的な心理療法のプロセスに入る。初期のセラピーで幾分上向いたように見えた子どもの状態が、本格的なプロセスに入ると開始時より悪く見えることはしばしばある。

ここでは、面接導入時にはあえて強調しなかったこと、すなわち、セラピーの途中では一時悪くなるように見えることがあること、しばらくすればまた改善すること、セラピーの効果は直線的な上昇として現れるのではなく波があり、この波が繰り返される中で少しずつ回復していくこと、その期間や回数は人により様々であることなどをきちんと説明することが肝心だ。

なぜそうなるかと問われたら、変化をするためには一度今までのあり方をくずし、新たなよりよい形を作り上げる必要があること、そのための内的な作業をする間、エネルギーが内側に向かうため、どうしても外的な適応が留守になりがちなこと等を丁寧に説明することが必要である。

例えば、子どもがべたべた甘えるようになった、赤ちゃん返りをしているといった不安には、「今まで甘えられなかったので、甘えるようになったのです」という言い方より、このような内的作業の過程で、幾分かのエネルギーを親から再補給することが必要になること、十分にエネルギーを補給し作業が進んだら、その状態は収まり、今まで以上に自立していくであろう、といった説明の方が受け取られやすいかもしれない。事例によっては、後から生まれてきたきょうだいへの葛藤についての説明がいるなど、当然個々の事例に合った説明が望まれる。

現状がまがりなりにもわかると今の状態を受け入れることができ、上述の例で言えば、とりあえず今は甘えさせてみようと思えるし、先の見通しを聞くと、この状態がずっと続くものではないことがわかり、どんどん悪くなって取り返しがつかなくなるのではないかといった不安が軽減される。これらの情報は、今後も続くであろうセラピーの過程の苦しさを耐えるための力にもなる。

Q㋝ 「子どもが『プレイルームで作ったものを母親に見せたい』と言っていると子ども担当のセラピストから言われたのですが……。」

プレイセラピーで、積み木や箱庭を作ったり、絵や折り紙等の工作を完成させた時に、「これをお母さんに見せたい」と子どもが言うことはしばしばある。そういう時は傑作大作が多く、素直にそれを見せたいという気持ちもわかることが多い。保育の場など日常の場であれば、見せたらいいじゃないかということになるし、臨床の場でもそのあたりをあまり気にせず見せている場合もあると思う。しかしながら、心理療法の原則から見れば、これは明らかなアクティングアウトと考えられる。

例えば、大人しく弱弱しい男の子がいたとする。親のコントロールが強い家庭かもしれない。この男の子がプレイセラピーの様々な過程のある一つのピークとして、積み木でそびえ立つような大きな塔を作ったとする。これを母親に見せたいという時、「俺は男なんだぞ！」という決意表明かもしれず、そこには自分を認めない親への強い反発が含まれていることもある。こうした出来事はプレイセラピーとして確かに展開しているのだが、それをプレイルームの外へと持ち出すと、プレイルームという器を壊すことになり、そこから先のさらなる作業が台無しになってしまう。それを見た親は、外面的には「わー、すごいものができたねえ」と喜び、意識的にはそう思っていたとしても、無意識的には子どもが自分のコントロールから外れていく不安を抱いたり、セラピーがコントロールを壊す脅威として受け取るかもしれない。へたをするとそれが中断という結果につながることもある。また子ども担当セラピスト自身が、親に見せたいという強い衝動に駆られるとすれば、子どもに共感することで刺激された親への反発、敵意といったセラピストの逆転移が含まれていることもある。さらに、子どもがセラピストと共に素晴らしい作品を作り上げた時、そのようなことのできるセラピストの力や、子どもとセラピストとの仲の良さなどに嫉妬してしまう、あるいは劣等感を募らせる親もいる。

このように心理療法は、表面にあらわれていること、常識的に考えられることを超え、様々な層での動きがあり、単純に子どもが見せたいものを親に見せればよいということではない。

ここで大切なことは、親に見せることではなく、親に見せたいという気持ちを受け取ることであり、なぜ見せたいかということを十分に検討すること、それを子ども担当セラピストと親担当セラピストが共有することである。

2 親の語り

親面接では、引き続き子どもの話題は続く。しかしその中に、親自身の気持ちが語られたり、子どもの生育歴や現状と比べる形で、親自身の性格や、生育歴、親とその親、きょうだいや配偶者等現在の家族との関係等が語られるようになることも多い。こうした展開はごく自然で、むしろ自身のことを全く話さないほうが、不自然な印象を与えるほどだ。あまりに子どものことばかりで自身の感情や思いなどを全く話さない親と会っていると、何かその人自身と全く触れ合えないという不全感を持つことがある。そのため、「大変ですね」とか「お母さんはその時どう感じられましたか？」とか話題を振ってみると、「そうなんです……」などと乗ってくる人もいれば、「はあ」といった程度ですぐに子どもの話題に戻り、結局自身のことには全く触れない人もいる。そうなるとセラピストは子どものことは主題であるのでちゃんと聞かなくてはと思いながら、何か不全感にとらわれ、きちんと親の語りに付き合えなくなったりする。

一方、子どものことより自分自身の語りが主になる人もいる。こちらもセラピストとしてはクライエントの語りに無条件に耳を傾けようとするのだが、あまり親自身のことばかり語られると、「子どものことはどうなっているのだろうか？　子どものための相談なのだから、子どものことを取り上げなくてはいけないのでは？」などといった不安が頭をもたげてくる。そこで子どものことへと話題を振ると、親は、はっとしたようにそれまでの話題をやめて、それ以降自分のことを話さなくなるかもしれない。これではせっかくの内的な流れを止めてしまうことになるので、やはりクライエントの語りに任せるほうがよい。しかしセラピストがそうした不安を抱えたまま、クライエントの語りを聞かなくてはと、聞いているふりをしているのでは意味がないことも多い。

どちらにせよ、なぜか親の語りに耳を傾けることが困難になることはよくある。そこで親の語りをしっかりと聞くためにも、親の語りについてもう少し掘り下げてみたい。

今までは話をわかりやすくするために、子どもの話題、親自身の話題という２分法を用いてきたが、もう少し詳しく見れば、ことはそれほど単純ではない。子どものことを語っているようで、実は自身のことを語っているという場合もあるのだ。

母親の語る「子ども」の意味については橋本（2000）に詳しい。橋本は母親が語る「子ども」は現実の子どもでありながら、あるいは現実の子どもとして語られながら、実際には母親自身の潜在的な内的ファンタジーや感情を「隠し、露呈する」といった多次元的な象徴機能を担っていると述べている。そのため、治療者は象徴の二重性を保ち、語られているのは母のことか子のことかと構造化せず聴かなくてはならないと指摘している。

クライエントの言うことを字義通りに受け取らないことは心理療法の基本的態度であると思う。「あの人が嫌いです」という言葉には、その裏に嫌いだけど本当は好きだという気持ちが潜んでいたり、本当はあの人に似ている自分が嫌いなのだと訴えていたり、その両方だったり、まさに多義的で、セラピストが自分の中でわかりやすくするために、その一つだけで筋をたどろうとすると、うまくいかない場合が多く、常に多義的な象徴を、イメージの流れとしてたどっていかなくてはならない。

子育て、特に初期の段階では、養育者は言葉もない乳児の気持ちに寄り添いほとんど一心同体の状態で子どもに共感していくことが求められる。そこにはいわゆる正常な投影同一視が不可欠であるとも言える。子どもが成長していくにつれ、この投影同一視は少しずつ薄まり子どもと母親は分離し、個々の人間となっていく。しかしこの過程や程度は人によってまちまちであり、親子という関係の中でずっと続いていく部分もある。だから、親の語る子どもは現実の子どもであり、同時に母親自身であることが多いのだ。

ある程度分離が進んでいる親子であれば、子どもの話をしながら、自分の話をするという形がとられる。その中で、あいまいだった自分と子どもとの境界線がより鮮明になっていくこともある。

一方この分離がなされておらず、同一化が激しい時は、子どもの話と自身の話が同じものとして語られる。この場合、もともと親のアイデンティティーの不確かさに起因していることが多く、自分の問題を自分の問題として取り上げる、受け止める力が弱いので、それは自分ではない子どものこととして語られる。あるいは、取り上げられていない問題があまりに大きいため、自分のこととしては未だ語ることができず子どもに投影されていることもある。

こうした場合、子どものことがずっと語られていても、これは親自身のことかもしれないと思って聞いていくと、意外に納得したり、聞きやすくなったりする。その過程で、その話が子どものことでありかつ親のことである時もあるし、ほとんど親のことであり、実際の子どもは少し違うということが見えてきたりもする。

一方、親が自分のことばかり話す場合はどうか。ここで語られる親の問題は、子どもが抱えている問題のもとであったりする。それは原家族や現家族全体の問題であったりもする。子どもの症状はこの全体的な問題を解決するために現れたとも考えられる。であるならば、自分の問題として語られる親の語りは、子どもを置き去りにしているのではなく、ある部分では子どものための語りとも考えられる。そう考えれば、不安にならずに親の語りに耳を傾けられるのではないだろうか。

3 心理教育について

Q㋝「親への心理教育はしないのですか？」

（1）心理教育とは

心理教育という言葉には、何か専門家が一方的に患者や家族への教育指導を行うというイメージがあるように思うが、ここで「心理教育」という語をもう一度丁寧に考えてみたい。

心理教育とは、「心理教育を中心とした心理社会的援助プログラムガイドライン」（浦田、2004）における定義では、「精神障害やエイズなど受容しにくい障害を持つ人たちに、正しい知識や情報を心理面への十分な配慮をしながら伝え、病気や障害のもたらす諸問題・諸困難に対する対処法を習得してもらうことによって、主体的に療養生活を営めるよう援助する方法」と定義されている。これが家族に対して行われる場合、家族心理教育と呼ばれる。

この前半の部分、正しい知識や情報の伝授に関しては、インテークや初期の段階で、受け取る側の心理への十分な配慮をしながら行うことをすでに述べてきた。また一般的な対処法についても初期の段階で提示することが何らかの助言を求めて来談したクライエントのニーズに応えることにもなる。

そうした段階を経て、この展開期に入る。先に一般的対処法と述べたが、この段階では個別の対処法を見つけ、習得することが課題となる。クライエントの子どもは一人一人その持って生まれた条件も家族等の環境も違い、それにより症状も対処法も異なるので、一般論だけでは役に立たないことが多いからだ。

例えば、重度の自閉症である東田直樹は、その著書の中で自閉症である自身の示唆に富む体験を記しているが、発達障害への有効な対処法として挙げられている「視覚的な表示」について以下のように語っている（東田、2007）。すなわち、手順や物についての説明、作り方などは、視覚的に絵や写真などを使ってもらうと助かるが、一方、スケジュールや時間に関しては、視覚的に表示されると、それで落ち着くように見えても、実際は縛られているだけで、すべての行動を決められているロボットみたいに感じるので好きではないと。これは彼の体験であり、他の人はまた違った体験をしているかもしれない。要するに、すべての人に有効な対処法はないということだ。

また、他著（東田、2013）では、「僕は自閉症の援助において、専門職と言われる方々も迷いながら対応されていることを知りました。それはある意味人間としては正常な感覚だと思います。もしこんな時はこうすると、すべての対応がマニュアル化されたら、僕は人生に絶望するでしょう」「僕も一人の人間です。接するのに迷ってくれるのは、僕を一人の人間としてみている証拠です…（中略）…一人の人間として接してもらいたいというのは、パニックを起こさせないようにすることではありません」と述べている。ここには、あらゆる対応をマニュアル化し、教育したり指導したりすることを第一義とすることが人間的ではないことが提示されているように思う。

これは障害や問題を抱える親に対する心理教育についても言えるだろう。親担当セラピストもまた、迷いながら親と共に考え、対処法や、ただ子どもの問題行動をなくすということにとどまらず、そうした子どもとどう生きるのかという問いに向き合っていかなくてはならない。

面接が進むと、子どもに対する理解が深まったり、子どもやそれにまつわる諸事について思いもよらない気付きがあったり、その結果、その子どもにあった対処法などが見出されてくる。これらの「内容」は重要であるが、それと同時に重要なことは、自身でそれを気付く、見出すという「体験」であると思っている。同じ内容であっても、それがセラピストから示唆されたものであれば、クライエントには助言によって改善したという体験が積み重なる。へたをすると、次回また困ったことになったらまた助言を受けるという態勢を作り出す。一方、それが自分で見つけたのだという体験として積み重なると、そのうちに、セラピストの助けを借りなくても自分でやっていけるという自信につながる。困った時に人に頼れるということも一つの能力ではあるが、頼らないでいいことが増える、一人で何とかやっていけるという自信を持てることは、問題の改善と同様、あるいはそれ以上の価値を持つと思う。

（２）セラピストが迷うということ

第１章（７頁）で元型について説明したが、グッゲンビュール＝クレイグ（Guggenbühl-Craig, 1978/1981）は、そもそも元型は対極性を持つ対として存在するとしている。母と子、男と女などである。そして治療者（セラピスト）と患者（クライエント）もまた対として存在する。元型は元来すべての人の中に存在する可能性であり、あらゆる人が、治療者元型と患者元型の両者を自らの内に持つ。しかしこの対極を維持し続けていくことは容易ではなく、元型の中で抑圧された部分は外界に投影される。病者は内的治療者を実際のセラピストに投影するし、セラピストは自分自身の傷をクライエントに投影するということもありうる。

元型の持つ対極性の一方を外界に投影することは、一時的には満足すべき状況を作り出す。例えば「よい先生に出会えてよかった、この先生の言うとおりにすればよくなる」などとクライエントに言われるかもしれない。しかし長い目で見ると、そのことによって精神的な発達が滞ることにもなるとグッゲンビュール＝クレイグは述べている。つまり、クライエントは常に助力を求める者となり、セラピストは常に助ける人という役割に固定されてしまうのだ。セラピストは健康で傷を持たない力ある存在となり、クライエントは常に弱く救わなければならない存在、セラピストの指示に従い、あるいはセラピストに頼り切る存在へと固定されていく。こうした関係においては、クライエントは自ら問題に立ち向かい自らの傷を治していくという力を自分の中に見出すことができなくなる。永遠に頼る人―頼られる人という関係性が続いていくことになり、いつになってもセラピーが終わらないということにもなりうる。親子並行面接では、子ども自身がよくなることで終結を迎えることも多いが、たとえ終結しても、先のような関係にあった場合、再び問題が噴出した時に、同じことを繰り返す可能性もあり、クライエント自身の中にセラピストの元型を活性化することは大変重要であると思われる。

クライエントの中にセラピスト元型を活性化するためには、セラピスト自身が分裂しやすい対極性をつなぎ留めておくことが必要となる。つまり、自分の中にクライエント元型（弱く、傷つき、迷う部分）を常に意識し布置しておくことだ。

「心理教育」という言葉が引き出しやすい「確信を持って力強く親を指導する」というイメージは魅力的なセラピストイメージではあるが、長い目で見れば、治療的ではないことに留意しておく必要があるように思う。

Q㋝ 「子どものことを説明しても、聞いてくれない、理解してくれない親に対してはどうしたらよいのですか？」

ところで、親によっては本来の意味の「心理教育」としてのアプローチすらできない人もいる。「心理教育」として親に子どもの状態に対する正しい知識や情報を伝え理解してもらおうとしても、そのアプローチすら有効に働かず、混乱を招くこともあるのだ。先に挙げた（21頁）畑中他（2016）の研究では、親が発達障害の群では、親に子どもの特性を理解するように促すことはかえって保護者自身の混乱を助長する可能性が高いこと、親自身が行動をコントロールしにくいことや、少しでも不安が喚起されると否定的な言動や行動として表出される傾向が見られることから、親のあり方への指導介入はせず、また内省を求めることもなく、子どもについてのわからなさを受け止める場を提供することで、理解できないことからくるストレスを軽減し、落ち着いていき、自分とは異なる存在としての子どもをとらえることができるようになったと述べている。

また、発達障害でなくても非常に不安が強い親の場合、クライエントが自分で動き出すのを待つといった態度をとりすぎると、不安が高まりすぎ、やっていけないことがある。その場合は、ひたすら不安を和らげ、落ち着いてもらうために、様々な助言をするしかないこともある。

ただし、これらの役割が定着してしまうと、先述したように当初は良かったものの、そのうちクライエントはただただ依存し、セラピストは、求められている言葉をただただ与えるといった関係に固定してしまい、何の進展も見られなくなることがある。

このような関係に陥っていることに、セラピストがふっと気づくことがあるが、そういう時に、普段セラピストが言うだろう言葉を言わずに少し待っていると、クライエント自身がその言葉や、あるいは思いもかけない言葉を口にすることがある。そうなるともう次の段階、セラピストが何もしなくてもクライエントが自分で動き出すという段階に来ているのだ。発達障害の特性の強い人、あるいは重い精神的障害を抱えている人でも、長い年月を経て、「この方がこんなことを言うようになったのか」といった驚くほどの変容の段階にくる人もいる。

この事実から考えると、クライエントの状況によって、セラピストは臨機応変に対応の仕方を考えなくてはならない。しかし一方、それはあくまでも当面の間であって、このタイプの人はこう対処すると固定化しないこと、セラピストが常に迷いを持っていることがその後の展開につながると考える。

第４節　セラピスト相互の連携

1　親担当セラピストと子ども担当セラピストとの関係

Q㋝「最近子ども（親）担当のセラピストとうまく関係が取れません。」

親子並行面接の場合、子どもと親とにそれぞれ担当セラピストがつき、共同して行うことが多い。一般的にはセラピー後（状況により、毎回であったり数回に１回という違いはあるが）互いの情報を交換し補い合うことで、足並みをそろえて治療にあたる。しかし、経験のある方はわかると思うが、子ども担当セラピスト（以下、子担）と親担当セラピスト（以下、親担）との関係はむずかしく、時に微妙にまたは険悪になったりすることがある。単に互いの相性が悪かったり、あるいは片方、時に両方が、誰が見てもセラピストとしての資質を問われるというような、親子並行面接だけではなく他のどんな設定でも、関係がこじれても仕方がないということもある。そしてそういう場合は、無理に相互の連絡共同作業に労力を割くよりも、個々のセラピーに専念したほうがむしろよい。しかし多くの場合、個々はそれぞれセラピストとしての仕事をしているにもかかわらず、また相性がそれほど悪いとも思われないのに、微妙な関係になったり、こじれてしまうこともあるのだ。

これは、子担、親担が担当している子どもと親との関係をそのままなぞってしまうことからくることが多い。セラピストはクライエントを共感的に理解しようとする態度で接しているので、だんだんクライエントとの距離が近づいていく。そのため、子担は子どもの気持ちに、親担は親の気持ちに近づき、その結果、親子間の依存や葛藤、怒りなどを代理で引き受けてしまうのだ。例えば子どもが親の束縛やコントロールに怒りを感じている場合、子担は親担が自分を束縛しコントロールしようとしているように感じ怒りをぶつけてしまう。親担はそうした子担の怒りに戸惑い、うっとうしく思ってしまう、またはますますコントロールしたくなる。ちょうど親が子にそう感じるように。

2 クライエントとの距離の取り方

こうした事態はクライエントとの距離が近すぎ、巻き込まれることによって起こり、子担と親担が、親子間の代理戦争を生きることとなる。それでは距離が遠ければよいかというと、今度は戦争は起こらなくても、いい意味での動きも何も起こらないということになる。そこで適度の距離が必要になってくる。

ではこの適度の距離とは何か。それは「近い」と「遠い」を一直線上においてその線上の中間あるいはどこかではなく、ある意味近くある意味遠い、つまり「近くて遠い」という態度をとり続けることだと思う。この両者が共存すれば、その「近さ」が、子どもあるいは親が相手に感じている、例えば怒り、という感情を生の感情として体験する機会を与える。一方、その「遠さ」はこれらの感情が、本当に相手セラピストに対してのものではなく、自分のクライエントの感情からくることを把握することを可能にする。そうすれば、生の感情をむき出しにしてセラピスト間の関係が悪化し、セラピー継続が困難になったり、セラピーに悪い影響を与えてしまうことを避けることができる。このような距離の取り方は親子並行面接に限ったことではなく、個人面接においても必要なものであり、こうした点からも、結局、個人面接も親面接も基本的には同じであることがわかる。

3 共有すべきこと

Q㋝「親（子ども）担当セラピストにプレイセラピー（親面接）の内容をどこまで話したらよいのでしょうか？」

親担と子担の情報共有は、基本的には率直に行われるべきものだと思う。しかしそれはなにも、双方のセラピーで起こったことを逐一報告し合うことではない。それでは時間がかかりすぎるし、煩雑で、実際的ではない。ここで重要なのは、そこで何が起こっているとセラピストはとらえているか、という見立てを簡潔に伝えることだと思う。またその中で特に気になる点や、互いのセラピーの中で可能なら確かめてほしい点などを伝えることも大切だと思う。

ただし、大学院の相談室等で、子担が初心者で、親担がある程度の経験者であるといった場合は、少し丁寧にプレイセラピーの内容を聞くほうがよい場合もある。しかしこの際は 1 で述べたようなクライエントの親子関係をなぞった疑似関係に陥りやすいことも留意しておかなくてはならないだろう。

4　チームとしての親子並行面接

Q㋝「もっと親（子ども）担当セラピストがしっかりしてくれれば……。」

この質問はこれまで述べたような、親子間の葛藤をなぞったものとしても現れるが、もう一つの可能性としてセラピーの限界を他者の要因に帰してしまうことからくることもある。

例えば子どものプレイセラピーが非常に展開している、しかし親が来談回数を減らしたいと言いだす場合がある。子担としてはとても重要な局面なのだから、親担になんとか親を説得して頻度を減らさないようにしてほしいと伝える。しかし親は考えを変えず、来談頻度が減った、となった時、この質問のような気持ちが沸き起こる。

ここで起こっていることを考えてみると、プレイセラピーで何かダイナミックな展開が起き、それがプレイルーム内に収まらず、外へ漏れ出ている、だからこそ親はそれをキャッチし、不安を覚えたとも言える。そうした親の不安を支えられなかった親担の力不足だとも言えるが、漏れ出てしまうという事態は、子担の器では抱えきれていない結果とも言える。一概にどちらか一方のせいとは言えないのだ。

セラピーがどこまで展開するかは、親子、親担、子担の４人のチームの持つ総合力によるものだと思う。子ども（親）が頑張っていないからだとか、親（子）担が力不足だとか言っても始まらない。うまくいかない時はチーム全体の限界として大きくとらえると、無駄にけんかをしなくて済むように思う。この例では、親が頻度を減らすという決断が、器が壊れてしまうことを防ぐための賢い選択だったのかもしれない。

また、子どもの問題がなかなか変化しない場合、親担は子担のやり方が悪いのではと思ってしまったり、子担は親が変化しないから子どもが変化しないのだと親担に不満を持ったりする。こうした不満は、十分に率直に検討し合わなければならないが、時に、セラピーの停滞、限界を自分自身が抱えられず、共同セラピストに投影した結果の不満であることの自覚も必要である。

5　一人で親子両方を担当する場合

Q㊦「セラピストが私一人なので、親子並行面接はできないのですが……。」

職場が一人職場であったり、システムの都合上一人で親面接と子どものセラピーの両方を担当しなくてはならないこともある。スクールカウンセラーではほぼそういう状況だろう。そうでなくても、先述したように親担と子担の関係が難しさも含むのであれば、一人で行った方がよいではないかという考え方もある。しかしそれはそれでいろいろ難しい点もある。

まずクライエント側から見ると、親子が同じ担当者であると、自分の話していること、あるいはしていることが子ども（または親）に全部伝わっているのではと感じる人も多いだろう。だからといって、ここでのことは親（子ども）には一切伝えませんといったことを最初に教示するのにも無理がある。先述したように（36頁）、子どもの相談で来ているのに子どもがプレイセラピーで何をしているのか全く聞くことができないとなると「なぜ？」となるだろう。だから一人で担当する場合では、そこで行われていることをそのまま伝えることはないにせよ、その様子をある程度伝えることはあること、秘密にしてほしいことは秘密にすること（危機介入の場合を考えると厳密には約束できないが）などを了解してもらうことが必要だろう。これらの留意点を初回に取り扱うかどうかはケースバイケースであるが、セラピーの途中で、これらの疑念がもとでクライエントがためらいを見せたり話しにくそうにしている、もしくは疑念を言語化する場合は、その時点できちんとした説明が必要だ。もし、両者での出来事を全部開示するようであれば、そもそも二つに分ける必要もなく、一つの部屋で同時に会えばよいのであり、本書では取り上げないがそういうアプローチの仕方も当然ある。

また時には、親子それぞれが、セラピストを自分の側、味方にしようとするといった変な力関係に巻き込まれることもある。並行面接では、自然にそれぞれの担当者がそれぞれのクライエントの側に立つことが多いが、一人だとそこは難しい。セラピストの方でも、親子のどちらかにより共感してしまったり、肩入れしてしまうことも起こり得る。

通常、セラピストはできる限りクライエントに近づき寄り添い、その心情を理解しようと努めるが、親子両方にそれをしようとすると、葛藤や軋轢を生むことも多く、上述した担当者間で起こる力動が一人のセラピストの中で起こることになる。こうした葛藤等を全て抱えて面接を進めていくことは相当のエネルギーを必要とする。それがうまくいかずどっちつかずになると、上記のような取り合いになってしまったりするのだ。

この点からいけば、親子両方を担当する場合、最初からメインを決めておくというやり方もある。子どものプレイセラピーをメインとし、親面接は情報の収集等に留めたり、親の話を聞く方が重要と感じる場合は、親面接を主にし、子どもについては経過観察に留めるといったやり方だ。

それでもどちらもやはりセラピーが必要である場合もあるだろう。その時は、先に述べたような力動を全て抱えていくと決め、そこに起こりがちな問題に留意しつつ進めることが大切になる。また親子それぞれの個人としての内面に集中して密に寄り添うというやり方ではなく、双方に少し距離を取り、親子を一つの塊として親子の関係性やコミュニケーションのあり方、力動などに注目して取り扱う家族療法的なアプローチも有効かもしれない。

家族療法については次章で再度取り上げる。

第５節　終結のあり方

Q㋝「親子並行面接はどのような形で終わったらよいでしょうか？」

親の突然の転勤や病気、経済的な理由等での終結は、個々の事情に合わせて臨機応変に対応しなければならないが、それ以外での終結を、もともと子どもの諸問題での来談なので、子どもの状態の変化で分けて見てみたい。

1　子どもの症状や問題がなくなる、あるいは改善する

終結の時期として最も納得できるのは、子どもの症状や問題としていた行動がなくなる、改善される、あるいは周囲への適応がよくなり、親自身もその状況に納得している場合だ。

しかし実際にはそうすっきりとはいかないことも多々ある。

Q㋝「子どもの症状がなくなり終結の申し出がありましたが、セラピストとしては本質的なことが解決されていない気がします。」

このように、セラピーの過程で子どもが（あるいは親も共に）変化し、親子ともども終結を考えているが、時にセラピストとしてその変化が表面的で、症状は治まったが本質的なことは解決されていないように感じ、引き止めたくなることがある。親担と子担双方がそう感じる場合もあるし、どちらか一方の場合もある。

症状がなくなるということを無意識からのメッセージであると捉えるならば、無意識はこれでよいと告げているとも考えられるので、基本的にはあまり強く引き止めないほうがよいようには思う。子どもの場合、時期によってまた違った形で問題が再燃することもあるので、その時にまた取り組めばよいといった捉え方のほうが肩の力が抜ける。特に子どもはセラピー場面以外での日々の生活の中で成長と共に変化していくことも多いので、セラピーですべてやらなくてはならないという思いを強く持ちすぎないことも肝要だ。ここであまり強引に引き留め、物別れのような形で終わってしまうと、次に何かあった時に来づらくなるということもある。だから、すべてを解決しようというのではなく（それはそもそも無理な話だ）オープンなままで終わるほうがよいと感じる。子どもはセラピストが思うよりあっさりとセラピーから飛び立っていくことも多い。

次に、子どもは変化したが親の問題は根本的には未解決であると感じられる場合は、それでよしとし終結する形と、子どもは終結するが親は自分の問題のための面接を続けるという形がある。前者の場合、親担当はお母さんだけでもと引き止めたくなるが、継続を提案することはよいとしても、ここでもあまり無理に引き留めないことだ。主訴は子どもの問題であり、それがある程度解決したのだから、クライエントのニーズを尊重し、最終的判断はクライエントに任せるという態度が必要だと思う。

後者の場合、親が自身の問題をある程度認識し、そのために自身の面接を続けたいと思う場合は、これを機会に面接の主訴を再確認し契約を結びなおす必要がある。それをしないと何のために来ているのかがわからなくなる（特に難しい局面で）といったことが起こりがちだからだ。

相談機関によっては、親の面接だけを続けることはできないこともある。その場合は親の希望に沿って他機関へ紹介することが必要となる。

2　子どもが変化し始めた時、あるいは変化の途上での終結希望

Q㋝「子どものセラピーが順調に進んでいると思っていたら、突然親から終結を切り出されました。」

子どものセラピーが動き出した、あるいは一つの佳境に入ったと感じられるタイミングで、親から突然（のようにセラピストは感じる）、終結を切り出されることがある。子どもは親がそう言うなら、あるいは、そう言うからやめると言う場合もあるし、もっと来たいと訴えることもある。この状況は、子どもが変化することに対する親の抵抗による中断の危機として起こることが多い。

こうした場面では子担は熱心に引き留めることを訴えるも、親担も引き止めたいとは思うがどうしようもなく、セラピスト相互の連携の部分で先に取り上げたように（50頁）、親担、子担の仲がぎくしゃくしたりもする。親担としては親自身を尊重して会っていくというのが基本であるとこれまで述べてきたが、尊重するというのは何も親の言うとおりにすることではない。これらの動きが親の抵抗によるものであると考えられる場合は、親面接でそれを取り扱う必要がある。また「子どもが来たくないと言っているからやめる」といった訴えの場合も、そこにどのような力動が動いているかをしっかりと見つめ取り扱うことが必要だ。しかしそうした努力をしてもなおクライエントが終結を望むなら、それは相手の決断を尊重するし

かない。まだ問題に取り組む時期ではないのかもしれないし、先述したようにチームとしての総合力（53頁）から言って、この親子、このセラピストたちの力ではそれができないということを親が無意識のうちに感じ取っているのかもしれない。また、続けるべきというこちらの見立て自体が間違っていることもある。

3 子どもにあまり変化・改善が見られない場合

子どもがあまり変化しなくても終結に至るケースもある。例えば子どものセラピーの動きよりも親のセラピーが先に動き、親面接への抵抗により終結を持ち出されることがある。この場合、親担は個人のセラピーに準じてその抵抗に対処する必要がある。親の心に十分向き合えず、子どものためにという名目だけで引き留めようとすると、物別れに終わってしまうことも多いので注意したい。

Q㋝「重度の発達障害児と長年かかわってきました。大きな改善は見られないまま終結となりました。何をしてきたのだろうと考えたりします。」

また重度の発達障害の子どもなどでは、症状や問題の劇的改善は難しいものもある。こうしたケースはそもそもプレイセラピーの適応外だという考え方もあるが、様々な援助方法で総合的にかかわる中の一つとして、プレイセラピーにもできることがあると筆者は考えている。まず、障害対処に集中するあまりへたをすれば見過ごされかねない子どもの全体の人格とじっくり向き合うことができ、それを通してその子ども自身が尊重される経験を得ることがある。また、一見して考えられることとは別の理解の仕方、かかわり方をその子どもに沿った形で見つけていくこともできる。さらに、障害によって発生する二次的な、例えば情緒的な問題に対処でき、少なくともより事態が悪くなることを食い止めることもできると考えられる。しかし、それらによる変化は全体から言えばごくわずかに見えることも多い(時には当初の見立てでは考えられない程の大きな改善、成長が見られることもあるが)。一方で、子どもがなかなか変化しない中、親が変化することがある。当初そうした子どもにどのように対処してよいかわからず、情緒的に不安定だったり、あせりや心配で押しつぶされそうだったりしていた親が、変わらない子どもを引き受け自分でやっていくと決め、終結に至る。そうしたクライエントを見ると、まさにユングの言う個性化のプロセスを歩む姿を見せてもらっているようで、頭の下がる思いがする。

このように終わり方は様々で、その都度セラピストは、ただクライエントの言うがままというのではなく、自身の見立てと共に終結を考えていかなくてはならない。しかし根本として、最終的にはクライエントに決定をゆだねること、そしてもしまた別の機会がある場合には、それに再び付き添うことができるような、オープンな関係で終結を迎えたらよいと思う。

これまで述べてきた親面接のあり方の全体を通して、クライエントを全体的存在として尊重し、治療のプロセスや終わり方を最終的にはクライエント自身にゆだねるという態度は、上述したユングの個性化のプロセスとも深くかかわっており、次章で詳しく取り上げたい。

第3章

親の個性化と子どものセラピー

本章で取り上げるユング派の心理療法は「個性化」を基礎とするきわめて個人的なものであると考えられがちで、親子並行の親面接とユング派の心理療法とは別物であるととらえる人も多いように感じる。実際「ユング心理学に関心があるのだけれど、自分の仕事は親面接なので無理かと…」と言われたこともある。

確かに親面接は親本人と子ども、その関係性等を同時に考えていかなくてはならない分、個人面接とは別の様々な難しさがあると常々感じる。しかし一方で、個人を対象とする心理面接と親面接とにそれほど違いがあるのかとも考えている。

そこで本章では、ユング派心理療法における個性化と親面接について述べてみたい。

第１節　個性化について

ユング心理学において「個性化（Individuation）」は鍵概念と言える。ユング（Jung, 1934, 1950）は、人は人生において、まず集合的・一般的な心理・生き方に同化し、ペルソナを習得して生きていくとしている。そしてその過程で生きられない側面は無意識の中へ押しやられる、あるいは無意識のままにあると考えた。その隠れてしまった無意識（個人的無意識）、あるいは隠れたままになっている無意識（集合的無意識）に対面していくことで（７頁参照）、一般的なものから区別された個性的な人格を発展させる、つまり「自分自身になっていく」と考え、その過程を「個性化の過程（Individuation process）」と名付けた。そしてこのような動きを推進するものとして、意識の中心である自我（Ego）ではなく、意識を超えた心全体の働きの中心としての「自己（Self）」を想定した。

この個性化の過程が妨げられると、個性に重大な欠陥、人格の不具が起こると彼は考えた。意識の中心である自我がその安定性に固執し変化を拒むと、この過程が妨げられるので、それを打破するために、もろもろの症状が無意識からのメッセージとして出現すると彼は考えた。人は困らないと現状維持が一番楽だが、困ると何とかしなくてはならなくなるからだ。だから、様々な症状や困難に取り組むことは、それ自体が個性化の過程であり、人には自らのうちに、自らを動かす力があると考えたのだ。子どものことで何らかのトラブルが起き、その解決のため心理療法に訪れたとするならば、それは個人の症状ではないが、個人にかかわる家族の症状と考えられ、やはりそれまでの状態、関係性から新しいものへと変わるためのものであり、それもやはり個性化へとつながる動きであろう。

ユング派の心理療法の前提として、人の心にあるこの自ら変容する力、自己の力を信じる、という考えがある。心理面接の場面でその道筋を最終的にはクライエントに任せるという態度はこの前提からくるもので、相手の言いなりになる、責任から逃れるという態度とは別物である。

ところで、個性化の過程は「自己実現」とも呼ばれるが、この「自己実現」という言葉には時に、もっぱら自分の内的実現のみを追求し周りを顧みない、自分勝手なものというイメージが付与されているようにも思う。自分勝手とまでは言わないとしても、個人の内的世界のみに集中するというイメージが、ユング派の心理療法にも投げかけられているように時に感じる。ユング派の分析を希望する人で、自身の家庭内のごたごたが続き話題がそれに終始する時、「家族のごたごたのせいで自分自身の分析がちっとも進まない」と嘆く人がいるが、これもやはりこうした思い込みからきているのかもしれない。

しかし、個性化の過程は内的世界の追求のみで達成されることはまずない。内的世界と外的世界はもつれあう糸のように、あるいは絶妙におられた織物のように絡まり合い、投影という機制もあって、内的な変容は外的な変容と重なり連なって起こっていくことは心理療法を実践すればわかることだ。他人との関係を切り離して自分のみを探索していくことは不可能だろう。

ユングは個性化の過程が妨げられると個性に重大な障害、人格の不具が起こると考えたと先述したが、これは社会的集団にとっても不都合であると述べている。なぜなら社会はそのユニークな唯一無二の能力を十分に発揮できる人々の集団である時にもっとも健全である、言い換えれば、個々人の自由を最大限に生かしながら、その内的な関連や集団的価値を保持しうる集団こそがうまく機能し長続きする組織たりうると考えたからだ。つまり、ユングの中では、個々人は単に孤立した存在ではなく集団の中にあることが前提とされている。個性化の過程はどんどん孤立化していくことではなく、むしろより強力で普遍的な集合関係に向かうこととも言える。パズルで考えれば、同じピースの集まりではなく、一つ一つ違ったピースで出来上がる作品のイメージだろうか。

親子関係は最小の集団とも考えられるので、親がこの関係を生き抜くことも個性化の一過程であるといえ、それは子どものことを考えない自分勝手な生き方を目指すことではないということがわかると思う。

第2節　家族療法との関連

親子関係や家族関係を取り扱う方法として家族療法がある。ここでは家族療法との関連を少し考えてみたい。

亀口（2003）は、家族療法では家族全体を一つのまとまりのある「心理系（システム）」として理解受容することが基本的な考え方であるとしている。彼によれば家族システムとは「家族を一つのまとまりをもつ生命系」としてとらえる見方である。この生命系は心理的に結び合ったいくつかの諸部分（サブシステム）からなっている。夫婦、母子、父子、兄弟、姉妹、さらに個人などが、それぞれのサブシステムを形成している。それらは個々に独自の機能と物語世界を持っており、しかも全体としてはまた別個の機能と物語を持つ複合体である。家族療法は個人への心理療法的アプローチとは異なり、家族員間の情緒的、意識的、そして無意識的コミュニケーションの過程に注意を払い、その歪みを具体的に改善すること、つまり、家族が自らのシステムを再組織化することを積極的に促すことを目標とするとしている（亀口、2003）。

楢林（2013）によると、家族療法の基礎的理論である「円環的認識論」では、問題には何らかの原因があり、その原因を究明することが問題の解決につながるという「還元主義」的方法論をとらず、出来事を円環的な流れの中でとらえ、多数の要素間の相互の文脈の中で理解しようとする。そのため、過去に原因を求めるのではなく、今現在問題を維持している相互作用やパターンに注目する（楢林、2013）。

亀口（2003）は、家族内に心理的問題が発生することは必ずしも否定的にのみ受け取る必要はなく、家族人生における移行期の課題を乗り越えるための跳躍台として、「肯定的な役割」を持っているとさえも言えると述べている。これは家族療法の新しい流れとされるナラティブ・セラピーの基本的スタンス、「新しい物語を対話によって創造すること」（楢林・小森、2013）にもつながる。

また楢林（2013）は、「家族をシステムと見なす」という時、つい家族をセラピストから観察する対象として考えてしまいがちだが、一旦治療のために家族と出会ったセラピストは、その時点から家族と対話を介した相互作用を持つ一つのシステム（治療システム）を形成していると述べている。

こうして見ていくと、ユング派の心理療法の考え方との共通点に気づく。ユングもまた症状を還元的に捉えその原因へと遡るのではなく、症状が求める未来に注目した。本章で取り上げた個性化の過程はまさに自分自身の物語を創造していく過程である。また、心理面接におけるクライエントとセラピストの間における意識と無意識両面からの相互作用についても『転移の心理学』（Jung, 1946）を始め数多くの著作で言及している。

先に述べたように、ユングは個人を、他者とは全く切り離された存在とは考えていない。それは個人的無意識と共に、それを超えた集合的無意識を仮定していることからも明らかである。それは人類全体に共通してある無意識であるから、より深く無意識を探求していけばいくほど、より、他者へ、集合的世界へと開かれ、つながっていくことは当然の結果である。その結果個人は唯一無二の存在となっていくのと同時に、自らが普通の人間だと認識するようになる。

このような共通点がある中で、ユング派の心理療法と家族療法を分けるものは、そうしたシステムに対して、個人から入っていくか、あるいは家族の成員全体を対象にするかということだろう。このどちらの方向がより理解、了解しやすいかは、ユング（Jung, 1921）の言う、外向・内向という二つのタイプから説明できるかもしれない。ユングのいう外向・内向とはいわゆる社交的、内気といったことではなく、外向とは外界の出来事により重きを置くあり方であり、内向とは内界の出来事により刺激され、活性化されるあり方だ。一人の人間の中にこのどちらの傾向も内在するが、通常どちらか一方が優勢である。だから外向的な人は自らの外にある人間関係、家族関係として問題を取り扱う方がしっくりくるし、内向的な人は内的な世界として取り組む方がやりやすい。

亀口（2003）は家族療法のメリットの一つとして、個人カウンセリングでも家族関係についての話を聞くことはできるが、他の家族成員に直接確かめる機会がある場合には、その話がずいぶん食い違っていることは少なくなく、複数の家族成員と同席で面接を行うことによって、互いの関係を直接確認できるように、様々な工夫を行うことができる点を挙げている。

たしかに、個人カウンセリングで語られることはその人の物語であり、他の人から見れば食い違っていることも少なくない。しかし、不思議なことにその物語を、それが全くの現実であると思い込むのではなく、あくまでその人の物語として聞き続けることによって、本人の変容だけではなく、他者との関係性も変容するということが起こる。その点から見ると、その物語が正しいかどうかはあまり関係ないのかもしれないと思う。例えばセラピストから見た関係性もセラピストの物語のバイアスから逃れることはできないので、客観的な正しい現実というのも実際にはないだろう。

そのほか細かく見れば、それぞれのメリット、デメリットはあると思うが、最終的には家族療法的アプローチをとるか、個人カウンセリングを選ぶかは、先に述べたように、クライエントやセラピストのタイプ等からくる志向や好みによるもので、どちらがよりすぐれているか、もしくは効果的かということはないように思う。

ただし、親子並行面接では、別々のセラピストが会っているとはいえ、情報を交換するので、親子間での物語の食い違いには比較的気づきやすい。そういう意味で、親子並行面接は、家族療法と個人面接の中間に位置していると考えてもいいかもしれない。経験的には、これらの食い違いが激しい場合は、よりむずかしい経過になることが多いと感じるが、この食い違いの程度そのものもまた、見立てに対しての重要な手掛かりと言える。

第3節　子どものセラピーとの関連

これまで、親面接においては親自身に会う、子どもの話以外にも耳を傾けると述べてきたが、ここでやはり頭をもたげてくるのは、そればかりしていては（実際には常に子どもの話以外の話ばかりすることはめったにないが、時にそればかりしているという場合も含め）、子どもの治療がおざなりになってしまうのではないかというセラピストの不安ではないかと思う。そこにあるのは「親自身のカウンセリングVS子どもの治療」という図式、つまり親の話にエネルギーを注ぐと、その分子どもの治療がおろそかになるという漠然としたイメージだ。しかし実際に親子並行面接に携わるとわかると思うが、この図式はそれほど現実を反映していない。

例えば先述したように（45頁）、親面接のやり方としてよく言われることに、問題を持つ子どもの治療のために、親への適切な心理教育を行うというものがある。しかしながら、現実には心理教育を行ったからといって、それがうまくいかないことも多い。

単純化した（本来の意味での心理教育というよりはそう思われがちな）例を

挙げると、子どもの諸々の問題行動について、親に十分甘えることができていないことからくる情緒不安定が原因だとセラピストが見立てたとする。そこで「十分に甘えさせて下さい」と伝える。はっとして態度を改めることができる親もいるだろうが、そもそも甘えさせることができなかったからこそ問題が発生しているわけで、筆者の経験上、そう言われても「はいそうですか」とならない人がほとんどである。すると次に、なぜそうできないかということを考えていく必要が出てくる。そのためまず、親の状況あるいは親自身の育ち方、家族のあり方、社会との関係等様々なことを聞いていくことになる。そしてそこには子どもの話題ではないことがたくさん含まれてくる。しかし、そういった諸々のことに耳を傾けることが、結果的には子どもの状況改善に役立つのだから、VS関係ではないことは明らかである。

また、親に子どものことをより理解してほしいとセラピストはよく考える。子どもを理解するということは親にとって当然のことだと思われがちだが、よく考えれば、人を理解するということはそれほど簡単ではない。そもそも人は自分自身さえそれほど理解していない。そして自分が自分を理解している範囲でしか他人をも理解できないと言える。だから、子どもをより理解するためには、まず自分をより理解する必要がある。また親子の場合、距離が非常に近く、様々な投影が絡み合っているため、先述したように（43頁）子どものことだと思っていることが、実は自分のことであることも多い。だから、子ども自身の姿をある程度理解するためには、まず親自身が自分のことを理解し、子どもへの投影をある程度自分に引き戻し、どこまでが自分でどこまでが子ども本来の姿であるのかを見つけていく作業が必要となる。

これは、親のみの作業ではない。親の投影によって一定の役割を与えられ、そこに自分の存在意義をおいていた子どもにとっても、親の投影が引き戻されることによって、楽になるだけではなく、自分自身に向き合うことを余儀なくされることもある。家族療法的な観点から見ても、関係性は双方の力動によるもので、子どもがいつも全くの被害者であるとは限らない。

このように見ていくと、急がば回れではないが、親自身としっかり向き合うことが、結局子どものセラピーにとっても有益な結果をもたらすということがわかる。親の自分自身になる過程が停滞すると、子どもも自分自身になることを阻害される。だから親の個性化の過程は子どもの変容を促し、この二つは対立するものではなく同時進行していくものと考えられる。

第４節　個性化と親面接

先に、心理教育と言ってもうまくいかない場合も多いと述べたが、クライエントによっては心理教育の役割の一つである症状理解や助言といったアプローチしかできない人、あるいはただただ支えることしかできない人もいる。ではこれらの人はこれまで述べてきた個性化という観点からは語れない人たちだろうか。私はそうではないと思っている。個性化というと、何か象徴的・神秘的なことが起こって高邁な悟りを得る、あるいは超人となるといった、漠然としたイメージがどこかにないだろうか。しかし、個性化とはあくまでもその人自身になるということだから、様々な特性を抱えながら、たとえば発達障害的な特性を抱えながら、その人がその人らしく生きていくということも個性化だと思う。何ら劇的なことはなく、日々の生活をただひたすらこなしていくというあり方など様々なあり方がそこには含まれている。だからその過程のために、助言あるいは支えが必要であれば、当面それをしていくということが、セラピストとしてのありようだと思うのだ。

ただし大切なことは、それはあくまでも当面の試みであり、「このタイプの人にはこの対応をするのだ」と固定化しないことだと思う。先述したように（49頁）発達障害の特性の強い人、あるいは重い精神的障害を抱えている人でも、長い年月を経て、「この方がこんなことを言うようになったのか」といった驚くほどの変容の段階にくる人もいる。最初から「変容できる人」「できない人」というようにセラピストが規定することは個性化の概念から考えるとおかしい。個性化という概念を狭い意味合いでとらえるのではなく大きな意味でとらえ、どのような面接であっても、その背景にこの概念を持ちつつ臨むことが重要であると考える。

ユング派の心理療法では、最終的にこの驚くほどの変容まで行かなくてはいけないかと言ったら、それもまた違うと思う。大きく言えば変わることも変わらぬことも個性化の一過程であるし、そもそも個性化のプロセスは生涯続くものだから、その過程すべてにセラピストがつきあうことはできない。また心理療法の中でのみ個性化が進むのでもない。私たちセラピストができることは個性化のプロセスのほんの一部分にかかわらせてもらい、同行していくことだけであり、それこそがセラピストの仕事であると考える。

私は親面接もまたこうした個性化のプロセスで、子どもの問題をきっかけとして心理面接の場へ足を運ばれた個人（親自身）に向き合い、そのプロセスに付き添うことであり、それこそが子ども自身の成長や変容につながるものと捉えており、その過程でユングの個性化の概念はその支えになると考えている。

第4章

親面接の事例

本章では渡部みもえさんと中井由佳子さんに事例を提供してもらった。

事例１・事例２はこれまでの豊富な臨床経験から浮かび上がってきた像をもとに作られたものであるが、実際の事例の参考となるような様々なポイントが含まれていると思う。

事例３は家族の問題や母親自身が発達障害とうつの診断、投薬を受けていることなどから、母親自身への慎重な手当てが必要な事例であった。そのため当初いわゆる母子並行面接が難しく、その時の状況により、面接形態も変化している。面接は14年にわたり現在も継続中である。通常、親面接でここまで長期にそして密にかかわることは多くはないと思うが、親自身に向き合うあり方の一例として参考になると思う。

事例１・事例２について

母子並行面接や、子どものことで来談されたクライエントとの面接では、通常の面接と同じように、様々な親子関係、そして母親の姿に出会い、様々な面接の過程をたどる。今回は、これまでに出会ってきた様々な母親面接を振り返る中で浮かび上がってきた親子像を、二つの事例として取り上げた。なお、事例については、個人の特定を防ぐため、本質を損なわないように配慮した上で改変している。

２事例とも、母親であるクライエントの「母親である私が悪い」という訴えから面接が始まり、進んでいったものである。母親面接で「自分の子育てが悪い」「自分が悪い」という訴えは珍しいことではない。核家族で夫が忙しく不在がちだったり、または一人で育てている場合は、子育ての過程で他者視点の入る機会が少ない。一方、実親や舅姑《きゅうこ》と同居していたり、近くにいて子育てを手伝ってもらっていても、世代間による子育て観の相違や、子どもができる前からあった関係性の影響も受け、例えばそれが優しいなぐさめの声かけであっても周囲から責められているように感じたり、母親であることを強く意識させられ、苦しむことも多い。面接でも、母親としての自分がジャッジされるのではないかという恐れがあったりして、防衛的に自分から自責の念を語ることもある。

だがその一方で、もしくは同時に、周囲の他者への不満もしばしば語られる。「夫にも親としての責任があるはずなのに夫は自分にばかり子育てを押し付けている、姑も実母もいい加減に好きなことばかり言ってくる、どうして私ばかり。……いや、そうは言っても自分は母親なのだからもっと自分がしっかりとがんばらなければ、私に責任があるのだ。……いや、元はと言えば自分は親から褒めて育ててもらったことがない、してもらったことがないものをどうやってやれというのか……」等々様々な気持ちの間を揺れ動く。そういう葛藤の中で少しずつ、自分にとってちょうどいいバランスや落としどころを見つけていく。

その揺れ動きや葛藤がセラピストにも伝わってきやすいケースもあれば、それがよく見えてこず、面接の経過やセラピスト自身が混迷するケースもある。「私が悪い」という最初の訴えは同じでも、経過に違いが見られた2事例を以下に提示する。

（渡部みもえ）

事例 1

ずっと「私が悪い」「私の子育てが悪いんです」と繰り返すＡさん

1 事例の概要

◆クライエント

Ａさん（30代前半、主婦）

◆主訴

子どものこと。お友達ができない。

◆家族構成

夫（30代後半、会社員）、長女Ｂちゃん（８歳、小学２年生）

◆子どもの生育歴・現症歴

Ａさんの長女Ｂちゃんは幼少期から大人しく、手のかからない子どもだった。あまり言葉を発しないことを健診で指摘されてはいたが、それ以外の発達において特に気になる点がなく、継続相談にはつながらなかった。幼稚園に入ってからも引っ込み思案で消極的だったが、園での活動には嫌がらず参加し、本人も登園を渋るようなことがなかったため、Ａさんはそのうち慣れるだろうとあまり心配してこなかった。しかし、小学校に進学後もなかなか友達ができずに一人でいることが多いこと、自分から言葉を発することがほとんどなく、まわりからの働きかけにもあまり応じる様子がないこと等から、２年生時の担任の先生に「自閉症スペクトラム障害等、何か発達の課題があるかもしれない」と言われ、相談機関への来談を勧められて来所に至った。

◆面接の構造

母子並行面接、週１回50分有料。母子並行面接開始から５年半、単独面接開始後２年半で終結。

◆Bちゃんの臨床像

華奢できゅっと縮こまっており、その奥からじっと外界を見ているような感じ。その目にちょっとした揺らぎが見られ、彼女の中には動きがあること、それがまだうまく表に出ていないことがうかがえた。

◆Bちゃんの見立て

インテークの様子から、不安が高く自分をうまく表現できていないが、自閉症スペクトラム障害ではないのではないかと考えられた。発信はかなり少ないものの、働きかけに対しては反応があり、セラピストに歩調を合わせたり、真似をすることで取り入れて自分なりのやり方を見出していく力もあり、相互的なかかわりの芽や創造する力がインテークですでに見られた。不安の高さも、一緒にいるうちに少し薄らいだことから、関係性を基盤に安定感を得ていけるのではないかと思われた。

◆Aさんの臨床像

細身で小柄。自身も子どもも身だしなみをきちんと整えていて、そつがない感じ。俯きがちで表情の変化が見えにくく、話し方に抑揚がないため、心情が伝わってきにくい。

◆Aさんの見立て

さらっとしているが、それゆえ表面を滑っていく感じで摑みどころがない。Ｂちゃんに対するかかわり方や受け止め方にもそういった側面があり、それがつながりにくさになっていると考えられた。Ａさんのどこにとっかかりを見つけることができるかが鍵になると思われた。

2　面接の経過

第Ⅰ期　「私が悪い」という強力な呪縛

Ａさんはインテークから「子どもがそうなったのも私が悪いんです」と言っていたが、子どものどのようなことに対してそう思っているのかは、話を聴いていてもあまりよく伝わってこなかった。それは面接が進んでもあまり変わらず、Ｂちゃんの日常の様子を語っても、義母や実母との関係に話が及んでも、どんな話も最終的には「自分の子育てが悪いんです」「私が悪いんです」に帰結してしまい、そう口にすることでそれ以上話が進展することを避けているようにも感じられた。それ以上どこにも行かない、どうにもならない感じがあり、いつも「私の子育てが悪い」というブラックホールにすべてが飲み込まれてしまうような感覚があった。

ある時、Ｂちゃんの話から自身の子ども時代の話になり、Ａさんもまた引っ込み思案で大人しい性格だったこと、自信がなくていつもまわりを見て動いていたこと等が語られたが、それも「私がそんな性格だから、子どもにもそれがいってしまったんでしょうね。私が悪いんです」となってしまった。

通常、自分が悪いと認めるのには痛みが伴うし、罪悪感に苛まれたり、時には誰かのせいにしたくなったりと落ち着かず、自分の落ち度を認めた上で次へ向かうにはかなりのエネルギーを要するものだ。Ａさんからはそうした葛藤やエネルギーが感じられなかった。

セラピストは最初の頃、Ａさんは葛藤や苦しみを心のうちにしまい込んでいて、なかなか表には出てきていないのかもしれない、そこに触れられるような関係性にまだ至っていないのかもしれないと、面接の場をＡさんにとってより安心できるものにするにはどうしたらいいかということばかり考えていた。だが、そのうち、Ａさんは「私が悪い」と呪文のように唱えることで、葛藤や苦しみに直面することをずっと避けてきたのかもしれないと感じるようになった。

聞くと、Ａさんは思春期の頃も反抗期と呼べるようなものはなく、これまで実母とも周囲の人間や夫との間でも、自分が一歩身を引くことで適度な距離を保ってきたようであった。そうすることで波風が立たず衝突も回避でき、「何事も無難にやりたい」Ａさんにとっては、それが何よりの処世術であったようだ。だが、それゆえにどこか表面をなぞるようなかかわりになりがちなＡさんは、Ｂちゃんとの関係においても情緒的なつながりを持ちにくく、２人の間にはなんとも言えない距離感があるように感じられた。

第２期　Ａさんを先導するＢちゃんの変化

Ｂちゃんは、並行して行われていたプレイセラピーで、担当セラピストを相手に相互的なやりとりが育ってきて、また、徐々に生き生きとした自分を表現するようになっていった。小学校でも次第に友達ができるようになり、集団の中では大人しくはあるものの、安心できる関係の中では自己主張も出てくるようになった。３年生に進級後も新しい環境にすっとなじむことができ、そういうＢちゃんの姿にＡさんも安堵していた。

そんな頃、Ｂちゃんにちょっとした出来事が起こった。小学校の集団遊びで同級生が怪我をしてしまい、それがＢちゃんのせいだとまわりから責められ騒ぎになった。Ｂちゃんはその場では固まってしまい何も言えなかったのだが、その後、担任の先生と一対一で話をした際に「自分は悪くない。あの子を押したのは他の子だ」と小さい声ながらはっきりと述べたのだった。先生から電話をもらって事情を聞いたＡさんはびっくりし、慌てて小学校へ駆けつけた。「うちの子が申し訳ありません。私がちゃんとしていないから……」と言うＡさんを遮って、Ｂちゃんは「私は悪くない！」と目に涙を溜め叫ぶように訴えたとのことだった。そのＢちゃんの姿を見てＡさんは一瞬身体が硬直し、とても戸惑ったのだが、その時に初めて、あ、これは私が悪いと言ってはだめなのではないかと思ったと、後の面接で教えてくださった。

この出来事はＢちゃんだけでなくＡさんにとっても転機となり、子どもを通して葛藤と出会うこととなった。今度はＡさんが何も言えなくなってしまい、ただその場で立ち尽くすしかなかったが、そんなＡさんを横目に、Ｂちゃんは出来事の詳細を担任の先生と母親の前ですらすらと語ったのであった。家に戻ってから、Ａさんは改めてＢちゃんと話をすると、Ｂちゃんに「お母さんには私の味方になってほしかった」と言われ、あぁ、そうか、と思うと同時に、自分はこれまでこの子の味方になったことがあっただろうかと初めて自問自答するようになった。そこからようやく、ＡさんがＡさん自身の葛藤や苦しみに少しずつ触れていくようになったのだった。

その出来事と前後して、Ｂちゃんを担当するセラピストが、Ｂちゃんが亡くなる夢を見た。これまで殻の中に閉じこもることで自分を守っていたＢちゃんがその殻を破り外へ出てきたこと、それがＡさんの変化をもたらしたことにより、“Ａさんの子育ての失敗”として生きざるをえなかったＢちゃんのこれまでの役目は終わったこと、Ａさんもまた呪縛から解放されることが示唆されていると思われた。

第３期　“私”への模索を通して、他者との関係性に開かれていく

その後、Ａさんとのやりとりや学校生活の中でも徐々に自己主張が増えていったＢちゃんは、４年生になって友達もいっそう増え、適応がよくなったことでプレイセラピーは終了となった。

終了後はＡさんのみが「自分のことを話したい」と来談を続けることと

なり、「自分が悪い」で終わらせない自分のあり方、人との関係の持ち方について取り組んでいくこととなった。どこか薄皮で覆われていて生身のＡさんには触れにくいようなイメージがあったが、次第にＡさんの感情や思いが表に表れてくるようになった。それによってＢちゃんとの言い合いがたびたび起こるようになり、しばらくはそれがＡさんの悩みの種となったが、ある時「これがＢとかかわるということなんだなぁと思いました」とどこか嬉しそうに語り、少しずつＢちゃんとの関係に手応えを感じるようになっていった。

また、Ａさんのそういった変化は、夫との関係にも変化を生じさせた。夫にもあまり自分の思いを話してこなかったＡさんが、夫に「こうしてほしい」「私はこう思っている」と伝えるようになる。それによって時に夫と衝突が起こり、疲弊することもあったが、「自分を主張してもいいんだと、それはＢに教えてもらった気がします。Ｂが『私は悪くない！』と言った時、なぜか私は恐怖と同時にすごく爽快な気分だったんです。あぁ、そうやって言ってもいいんだ、と思ったんです。Ｂがそう言ったことによって何も恐ろしいことは起きなかった。担任の先生もびっくりはしておられたけれど、その後のＢの話をちゃんと聞いてくれた。これでいいんだなと思ったんです。Ｂにできたのなら私にもできるかもしれない、と」と述べ、夫との関係修復にも力を注いだ。

そして、実はとても怖がりであること、怖がりであることで幼少時にバカにされたり、「そんなに弱くてはこの先を生きていけない」とまわりの大人から揶揄されることが多く、それが嫌でそういう自分を外に出さないようになったこと、Ｂちゃんを授かった時にあまりに小さい命の責任を自分が預かるという重みが怖くなり、そこから目を逸らして、とにかく必要な世話だけはこなそうと思ったこと等も語られるようになった。Ａさんもまた薄皮によって自分を守っていたのだった。

「そんなに弱くてはこの先を生きていけない」と言われるたびに、自分が悪いと責められているように感じていたＡさんだったが、そういったＡさんの母親の言葉も、Ａさんを心配してのものだったのかもしれないと思うようになり、「目を開いていろんなものを見てみれば、いろんな見え方がするものだなって」と視野の広がりを実感するようになった。

第４期　自分の人生を切り開く

Ｂちゃんが高学年になり、自分の時間が持てるようになったこともあって、Ａさんは仕事に就くことを決意する。ＡさんがＢちゃんぐらいの歳の頃にやってみたいと思っていたが、怖がりで弱い自分にはできないと諦めていたことだった。今なら挑戦できると思ったと語ったＡさんは、そのための資格取得に励んだが、職に就くまでの過程では、「子どもが中学生になるまでは家にいてあげてほしい」と言う夫や「子どもの世話をするのが母親の仕事」と言う実母の反対に遭い、説得までに時間を要した。その際に唯一賛成してくれたのがＢちゃんだったことにＡさんは随分励まされ、就職まで漕ぎつけることができた。

その後は、就職先の人間関係が新たな悩みとなった。身内に対しては随分と自分のことを表現できるようになったＡさんだったが、他人となると話は異なり、以前の「私が悪いんです」が顔を出すこともあった。だが、それでもＡさんは自分の思いを他者に伝えることを自分の課題と見据え、粘り強くその課題に取り組んでいった。

二度の職場変えを経て、ようやく自分にとって居心地のいい職場でやりがいを感じられる仕事に就けたこと、夫や実母、Ｂちゃんの協力も得られるようになり、周囲との関係も以前より良好になったということで、本事例は終結を迎えた。

（渡部みもえ）

事例1へのコメント

本事例は、子どもの担任の先生から「自閉症スペクトラム障害等、何か発達の課題があるのでは」ということで相談機関への来談を勧められたものである。学校生活への適応に何らかの問題があり、学校の先生から相談を勧められることはよくあり、最近では「発達障害」の疑念を持たれることも多い。実際に会ってみると、発達障害やその傾向を持つ例もあるし、そうではない別の要因（例えば愛着形成における問題など）が考えられる場合もある。本事例では、子どもは自閉症スペクトラム障害ではなく、母親にもその傾向はないと見立てられている。

担任の勧めということであり、大きく言えばAさんの主訴はない、もしくは希薄だと言える。インテークから「子どもがそうなったのも私が悪いんです」と繰り返すが、だから自分の子育てについて考えたいという訴えは伝わってこない。セラピストはそう口にすることで、それ以上話が進展することを避けている、つまりクライエントの防衛と感じたのだろう。実際このような防衛の仕方をする母親はよく見られる。当初セラピストは、相談の場が安心できる場所となり、クライエントの防衛が薄まることに心を傾けていたようだ。

しかし、そのうちそれは相談の場やセラピストとの関係にとどまらず、クライエントが万事において「自分が悪い」と言うことで葛藤や苦しみに直面することを避け、無難にやり過ごすことで生きてきたのではないかという思いに至る。

この母親全体のあり方へのセラピストの気づきと時を一つにして、Aさんは自分自身の育ち方、実母や周囲の人間や夫との間でも、自分が一歩引くことで、波風を立てず無難にやり過ごしてきたことなどを語り始める。セラピストはさらにAさんのこの表面的な人とのかかわり方が、Bちゃんとの関係においても働き、情緒的なつながりを持ちにくいことがBちゃんの現状とつながっていることに気づく。

このように、セラピストが母親と誠実に向き合っていると、母親への理解が深まるだけではなく、それを通して子どもへの理解も深まっていき、それが親子共々の変容への土台を作ると考えられる。

第２期ではBちゃんに変化が現れる。Bちゃんの学校での出来事を通して、Aさんは初めて葛藤をやり過ごすのではなくそれと取り組むことになり、Bちゃんへの自身のかかわりを内省するなどAさんの変化へとつながっていく。このように親子並行面接では親子共々が影響し合い、有機的に変化していく。

この過程でBちゃんは友達も増え、学校生活も無理なく送るようになり、プレイセラピーは終結となる。多くのセラピーで、子どもは生きるための基礎作りをした後は、現実生活で成長していく道を選び、あっさりとセラピーを終わりにする。母親面接も同時に終結という場合も多いが、本事例ではAさんの申し出により、Aさんの個人面接が継続される。Aさんは大人である分、これまでのセラピーの過程での気づきをよりしっかりと意識化し、根づかせ、身につけることを必要としたのだろう。

第３期ではBちゃんとの関係にもより手ごたえを感じるようになり、夫との関係にも変化が生じる。

第４期ではBちゃんのことだけではなく自分自身の生き方を考えるようになり、反対する夫や実母を粘り強く説得し職に就くことになる。その際唯一賛成したのがBちゃんであった。AさんとBちゃんは同じ課題に取り組んできた同志であり、母親の動きの意味をBちゃんはわかっていたのだろう。

就職先では人間関係の問題が再燃し、「私が悪いんです」が顔を出すこともあったが、再びそれに取り組んでいる。こうしてみると同じ課題が、子ども、家族、同僚との関係で、繰り返し現れ、それに粘り強く取り組むことでAさんの心がより深まり、幅を広げていったと考えられる。そしてそれは今後のBちゃんの生き方の幅を広げ、深めていくことにつながると思われる。

（山口素子）

事例 2

不安とそこからくる怒りに翻弄されるCさん

1 事例の概要

◆クライエント

Cさん（30代後半、主婦）

◆主訴

息子が友達とすぐ喧嘩になってしまう等トラブルが絶えず、心配。

◆家族構成

夫（30代後半、会社員）、長男Ｄくん（７歳、小学１年生）

◆子どもの生育歴・現症歴

Cさんは D くんを妊娠した時から、これからの妊婦生活と出産後の育児に果てしない不安を覚え、それ以降不安に苛まれる日々となった。無事出産を迎え、Ｄくんと初めて対面できた時も、喜びより不安の方が大きかった。

その後も、初めての育児はわからないことばかりだった。遠方の両親や仕事で忙しい夫を頼ることはできず、また、夫の転勤により見知らぬ土地へ移っての生活だったために、近くに知り合いもおらず、育児書を読み漁ったりインターネットで検索をかけて情報を得たりして右往左往していた。何が大切でどう子どもとかかわったらいいか、正解を追い求めるものの、書かれてあることはその時々で違い、どれを信じればいいのかわからなかった。そのため、自身の子育てにも一貫性がなく、その場その場で軸が揺らいでしまったことが息子の成長によくなかったのではないかとまた不安になり、思うようにいかない日々に苛立ちが募って、言うことをきかないＤくんを怒鳴ったり、つい手を上げてしまうこともあった。それで息子が不安定になったのではないか、自分の不安が息子に影響しているのではないか、とさらに不安が募っていった。

Ｄくんは乳児期には夜泣きが激しく、なかなか寝てくれない等、育てにくさがあった。幼少時に公園で遊んでいても周囲の子どもとうまくかかわれず、幼稚園に入園後もそれは変わらなかった。言葉の発達が少し遅かったこともあり、自分がそれがほしいと思ったら言葉よりも先に手が出てしまい、結果として友達が遊んでいるおもちゃを奪う形になり、『やめて』と言われると怒って友達を押したり叩いたりしてしまうことが多かった。園の活動では、じっとしていられずに立ち歩いたり、自分の思ったように動いてしまうため、みんなと同じようにできなかった。小学校進学後もトラブルが絶えず、授業中に立ち歩く、急に声を上げる、友達に手を出してしまった等で毎日のように担任の先生から電話があった。Ｃさんはその都度Ｄくんを叱り、特にまわりに迷惑をかけることに対してはかなり強い口調で叱責していた。子育て相談でかかっていた公的機関から紹介されての来談となったが、来談時はＤくんが起こすトラブルへの対応に疲労困憊し、とても追い詰められた様子だった。

◆面接の構造

母子並行面接、週１回50分有料。母子並行面接開始から７年で終結。

◆Ｄくんの臨床像

大柄で筋肉質。来談時に挨拶をした際もじっとしていられず、建物内の様子が気になってあちこち見渡し視線が定まらなかった。表情の変化が乏しく、ちょっとぶっきらぼうな感じ。プレイセラピー中も遊びが次々と移り変わり、じっくり集中することが難しい。セラピストと一緒に遊ぶよりも１人で進めてしまうことが多く、おもちゃを出しっぱなしのまま次々に遊びが移り変わるため、終了時には部屋がおもちゃでいっぱいになる。

◆Ｄくんの見立て

他者の視点に立ちにくい、相手の気持ちを汲むことが難しいところがあるため、他者との間で相互的な関係が成立しにくい。また、感覚の鋭敏さやじっとしていられなさ、衝動の抑えられなさ等もあり、発達障害的特性を持っていると考えられる。

◆Ｃさんの臨床像

中肉中背。エネルギーが高く、真面目で熱心。不安からくる焦燥感で常にイライラしているが、人前では極力抑えようとしているため、それがより硬い印象を与える。たまに心から笑うと少女のようで、普段とのギャップが大きい。

◆Ｃさんの見立て

不安に支配されているかのようで、何とか自分自身を取り戻そうともがいている。ＣさんにとってＤくんは不安の象徴的存在となっており、そのＤくんとの関係を築き直すことによって、不安を手放していくことができるのではないか。

2　面接の経過

第Ｉ期　「私が悪い」というストーリーを生きる

Ａさんと同じく「私が悪い」「自分の子育てが悪い」と述べるＣさんだが、その訴えにはもっと切迫感があった。

面接当初、ＣさんからはＤくんに見られる特性上のつらさについての話が一切出てこず、出てくるのはひたすら自分の出産前からの不安と、そこから現在に至るまでの子育ての間違いについてばかりであった。Cさんにとっては、自分の子育てのまずさによって対人関係のよくないモデルを身につけてしまった、不安定でかわいそうなDくん、というイメージが強く、それはCさんの中で揺るがないもののようであった。そのため、担任の先生が、Cさんの子育てについて責めるのではなく、Dくんの難しさやこれまで育ててきたCさんへの労いを伝えても、Cさんはそれを受け止めることができないでいた。Dくんにまつわる話はすべて自分が責められているように感じられ、また、周囲からのDくん像とCさんの中でのDくん像には大きな乖離があった。

だが、お話をうかがっていると、Dくんの特性によりCさんがDくんとの関係を築くのに困難さが生じている部分も大きく、それによってCさんがいっそう子育てへの大変さを感じることになっているところもあると思われた。例えば、Dくんが乳幼児期に夜泣きがひどく、一生懸命寝かしつけてもすぐに目が覚めてしまいなかなか寝てくれなかったのは、Dくんの感覚の鋭敏さや脳の機能障害等も強く影響していると思われたが、Cさんにとってそれは、自分の母乳の出が悪く粉ミルクにせざるを得なかったために、息子が精神的安定を得ることができなかったからだ、また、自分が寝かしつけの際にちょっとでも「早く寝てくれたらいいのに。うっとうしい。子どもなんて産まなければよかった」と思ったことが息子に伝わってしまったからだ、というストーリーになっていた。最初の頃はそういったCさんの中のストーリーが強固だったため、それを聴きながら共有することに努めた。プレイセラピーで見られるDくんの様子を話しても、今のCさんには届かないと思ったからだった。

第２期　新しい気づき

DさんのCくんに対するストーリーが繰り返し繰り返し語られるうちに、

時折「でもそれは、私がいくらがんばってみても、どうやっても難しいことだったんです」「そんなことができる人っているんでしょうか」と、自分が至らないという文脈とは少し異なる内容が出てくるようになり、「すごくきつかった……」と自身のつらさが語られるようになってきた。また、その頃からボランティア活動を通して他の子どもたちと接するようになり、そうすると、どうも自分の子どもは他の子どもたちとは違うところがある、という気づきが生まれるようになった。これまでは“自分とＤくん”しか見えていなかったのが、“自分と他の子ども”“Ｄくんと他の子ども”といった視点も出てくるようになり、比較対象ができたことで、Ｄくんを客観的に見ることが増えてきた。それによって、もしかしたらＤくん自身にも育てにくさがあったのかもしれないという思いを少しずつ持つようになっていった。

その頃から、面接でもＤくんのプレイセラピーでの様子を伝えていくようにした。Ｃさんから客観的なＤくんが語られた際には＜それと同じようなことがプレイセラピーの場面でもあって＞と、Ｃさんがそれを受け止める準備ができてきていると思われる内容から取り上げ、いいところも難しいところも含めてＤくんの理解を広げていく作業を一緒に行うようになった。

そんな中、ある回の面接で、ボランティアでかかわっている子どもの一人が、どうも発達障害という診断を受けているようだと知ったＣさんが、不安げな様子で「その子と息子は似ているところが結構あるんです。同じようなタイプのお子さんだなと思って見ていたのですが、彼がそうだとしたら、もしかしたらうちの息子も……」と語った。その時は話はそこで終わり、というよりもＣさんがそこで切り上げてすっと別の話題に変えてしまったため、それ以上続くことはなかった。その後もしばらくその話題が面接中に上がることはなく、Ｃさんの中ではまだ受け入れられないことなのかもしれないと感じていた。

元々真面目で勉強熱心なところのあるCさんは、それゆえ子育てに対しても、本を読み漁ったりインターネットでできるだけ有益な情報を得ようと躍起になっていたのだが、もしかするとDくんには何らかの障害と言われるものがあるのかもしれないとなると、今度はそれについて本やインターネットでひたすら調べるようになっていた。だが、そのことを教えてくださったのは、それから半年ほど過ぎてからのことだった。その半年間の面接では、Cさんが不安を語ることは減り、「こういうところのある息子にはどのようにかかわったらいいか」「どんな対応をしてあげたら落ち着くのか」といったような、対処法についての内容が中心になっていった。Cさんは、口には出さないが、Dくんの特徴、特性を少しずつ受け止めていきながら、それに合わせたかかわり方や子育ての仕方を模索されるようになっているのかなと思っていた。

第３期　受け入れる大変さをセラピストもまた思い知る

するとある時、「もしかして息子も発達障害なんだろうかと思って、いろいろ本を読んだりネットで調べたりしてみたんです。確かにそういう部分もあるんですけど、でも全然違うところもあって。そういえばボランティアのところにいるお子さんも、息子と似てるところもあれば全然違うところもあるなぁって。やっぱり違うと思うんです。息子のうまくできないところは、やっぱり私のかかわりのまずさと、彼の性格から来てると思うんです。だから私がかかわりを変えて、彼の性格を何とか直してもらって、と。なのでこの前の懇談で担任の先生から検査を勧められたんですけど、お断りしました。息子の特徴についてはここでお話させてもらっているし、おかげで私も以前よりは随分わかるようになったので」と述べた。Cさんが面接で語られている内容や様子からは、Dくんの特性について受け入れが進んでいる印象を持っていただけに、この話には違和感を覚えた。受け入れていたのではなく、Ｄくんが持つ難しさの原因を、自身のかかわりとＤくんの性格にあるとすることで、改善ができる問題だと受け止めることにしたようだった。Ｃさんとの間が少し近づいたように思っていたのが、また少し離れてしまったように感じ、暗澹たる気持ちになった。その一方で、Ｃさんにとって、Ｄくんに障害があるかもしれないということを受け入れるのは非常に大変なことなんだろうと、思いを新たにした。

実は、上述のＣさんとのやり取りの少し前に、３年生になっていたＤくんの担任の先生からセラピストに問い合わせがあり、『学校としてもＤくんへの対応に困っている。対策を練るためにも検査を受けてほしいのだが、お母さんがなかなか納得してくれない。また、お母さんがＤくんを何とかしようと躍起になり、かえってＤくんを追い詰めてしまっているように思う。お母さんに叱責されることでＤくんが学校で余計に荒れることがある。そちらではどんな話をしているのか、Ｄくんはどんなセラピーを受けているのか、できれば対応等についても教えてほしい。また、検査を受けるようにそちらからも説得してほしい』と話があった。それはＣさんに了承を得た上での問い合わせではなかったので、まずはＣさんに確認をとってほしいとお伝えし、基本的にはクライエントの了承なしに、クライエントとのことをお話することはできない旨を説明して電話を切った。しかし実際に担任の先生からの切羽詰まった訴えを聞いたことで、セラピスト側にもいつの間にか焦りが生じ、Ｃさんに対して、どこか担任の先生と同じような圧をかけてしまっていたのではないだろうかと思い至った。Ｄくんのプレイセラピーでも、ＤくんがＣさんに対して怒りを感じている様子や、それを受けて子ども担当セラピストがＣさんに苛立ちを覚えていることが伝わってきていて、何とかしなくては、と思ってしまっていたことも重なっていた。セラピストがＣさんの話に感じた違和感は、Ｃさんがセラピストに感じていた違和感と同じものだったのかもしれない。担任の先生は、セラピストへの電話の後でＣさんに「セラピストに話を聞きたい」と申し出たようだが、Ｃさんはそれを断っていたことが後の面接で語られた。学校等との連携協力は大切なことだが、Ｃさんの思いに反して、セラピストがうっかり先生とつながってしまったことは軽率だった。それ以降、改めて、先生やＤくん側の視点に偏るのではなく、Ｃさんの視点を大事にすることに立ち返ることとなった。

第４期　改めて出会う

セラピスト側の仕切り直しからまた半年が過ぎた頃、Ｃさんがこれまでに語ったことのない話をされた。「実は、息子は不妊治療の末にできた子どもなんです。子どもを持とうと思ってからなかなか授からず、しばらくの間、病院に通って不妊治療を受けていたんです。その間は本当に大変で、つらくて、どうしてこんな思いをしてまで……と思ったこともありました。でも、夫の実家は後継ぎは絶対に必要という考えが強かったものですから、離れて暮らしていても、私も夫も逆らえなかったんです。かといって不妊治療なんてものも認めてはもらえないからと、治療を受けていることは黙っていました。今も言っていません。１年半ほど続けてようやく授かった子どもだったんですが、正直、あのつらい治療がようやく終わる、という思いしかなかったんです。でもそれも束の間、すぐにつわりが始まって。また、つわりがきつくてきつくて大変でした。それもこれも不妊治療なんて不自然な方法で妊娠したからじゃないかと、その頃からおなかの子に対して違和感や異物感のようなものがあったんです。そんなこと、夫にも母にももちろん義母にも言えず、そんなふうに思う自分はなんてひどい母親なんだと絶望感しかありませんでした。息子も発達障害なのかもしれないと思った時、それも不妊治療のせいではないかと思ったら、また絶望感が襲ってきました。私がそういう体質だったんです。やっぱり何もかも私のせいなんだと……」。そう言いながら涙が溢れて止まらなくなったＣさんと、しばらく沈黙の中にいた。セラピストもとても言葉を発することができず、その回はそのまま終了時間を迎えた。

次の回、少し気恥ずかしそうに面接室に入ってきたＣさんと、何だか再び初回を迎えたような感じがした。Ｃさんは「私のせいと思ったところで、やり直せるわけでも、息子が変わるわけでもないんですよね」と言い、穏やかさが出てくるようになった。それからは、家に大量にあった育児書を捨てて「断捨離です」と笑い、「もういいかなって」と述べるようになった。その頃に不妊治療の時から抱えていたつらさを初めて夫に話したが、夫にはあまり理解されなかった。それをきっかけにＣさんは夫を冷めた目で見るようになり、離婚を考えるようになった。だが、４年生になったＤくんは、お父さんと同じことに興味を持つようになり、同じ趣味によるかかわりが増えたことで、夫がＤくんを引き受けてくれることが増えた。そうしてＣさんは自分自身の時間ができ、結婚後初めて自身の趣味に時間を割くことができるようになった。その趣味の話をする際には本当に少女のようで、そういった自分を急速に取り戻していっているかに見えた。夫に対しても諦めを持ちつつも、それでもＤくんとかかわってくれるようになったことへの感謝も生まれ、Ｃさんは夫婦関係を続けていく決心をした。物理的な距離ができたことでＤくんともほどよい心的距離が生まれ、次第に楽になっていき、不安に苛まれたりイライラから怒鳴ってしまうことも少なくなっていった。

Ｄくんは、プレイセラピーでは、少しずつではあったが確かな成長が感じられた。特にコミュニケーションに伸びが見られ、相互関係を築くことができるようになってきた。また、自分の感情の収め方を彼なりに習得していく過程ともなり、それに伴い学校でのトラブルも徐々に減っていった。

７年の間に担当セラピストは数回変わっているが、それにより新しい人間関係の築き方を身につけていった。６年生になった頃には、怒りを暴力的な形で表現することは随分と減り、言語力が伸びたことで、論理的に物事を理解し、また他者に自分の考えを伝えることができるようになっていった。その一方で、中学入学後は部活で忙しくなり、セラピーの頻度も減っていったが、新しい中学校生活にもＤくんなりに適応できていることから、終結となった。同時にＣさんも、そういったＤくんの成長を喜び、まだ至らないところはどうしてもあるが、そこにばかり目を向けても仕方がなく、それよりもできるようになったところ、できているところを見るように、ネガティブな方へ気持ちが傾きそうな時にはＤくんを含め関連する人や物事との間に距離を保ち、エネルギーは趣味に投入することが自身の指針だと言って笑った。続けて「Ｄに生きづらさがあることはわかっているので、今後もしまた助けが必要になった際には、検査を含め必要な対処をするつもりではいます。その時はまたこちらにもお世話になるかもしれません」と述べて、終結を迎えた。

（渡部みもえ）

事例２へのコメント

事例１のＡさんが「私が悪いんです」という言葉で、それ以上のものを見ようとしてこなかったのに対し、Ｃさんは「私が悪いんです」というストーリーに閉じ込められ、それ以外のことを見ることができなかったと言えるだろうか。

本事例は、子どもが友達とうまく付き合えずトラブルが絶えないことを主訴としている。セラピストは生育歴やプレイセラピーでの様子から見て、こうしたトラブルの背景に発達障害的な特性があるのではないかと見立てている。しかしCさんは子どもがこうなったのは自分の子育てのまずさからきているのだという思いが強く、その思い込みがDくんの現実の姿、特性を見ることを妨げていたようだ。そして自分が何とかしなければという思いから特性に合っていない努力が空回りし、それがうまくいかない失望や怒りをDくんに向けてしまい、余計にDくんの状態が悪くなるという悪循環が生じていた。

そのためセラピストは当初Dくんの持つ特性について説明し、そうしたDくんの子育てにおける難しさと苦労を労うことでこの悪循環から抜け出そうとする。しかし、そうした試みは跳ね返され、すべてはCさんの失敗からくるものだというストーリーに還元されていく。そのストーリーが強固であったため、セラピストは、無理にそれを突破するのではなく、クライエントの思いを共有する態度をとることとなる。

第２期では、この強固なストーリーの中に、自身のつらさが語られるようになり、またDくんと他の子どもとの違いに気づき始め、Dくん自身の発達的な特性についても思いが至るようになってきた。セラピストはこの流れに沿ってDくんへの理解を広げていく作業に共に取り組んでいく。

しかし第３期になると、「息子のまずさは私のかかわりのまずさからきているんです」というストーリーが再燃する。ここでセラピストは第２期において、CさんにDくんのことを理解してもらってその対応を変えてもらうことで、Dくんにとっての状況が少しでもよくなるように、といったDくん寄りの立場に立ちすぎていたことに気づく。そして、第４期ではもう一度Cさんとしっかり向き合うように仕切り直しをしている。

ここで学校の担任とのやりとりが取り上げられている。学校の担任や他の関係者との連携は大切なことである。特にスクールカウンセラーの場合などは必須とも言える。しかし連携の取り方はなかなか難しい。別機関でのセラピーの場合、まずクライエントの了解をとることは大前提ではあるが、本事例のように連携をすることで、セラピストが担任の立場、子どもの立場に引き寄せられ、親の心から離れてしまって、親との関係がぎくしゃくしてしまうことがある。逆に、親の立場に立ちすぎて担任と反目してしまったりするなど様々な問題が発生する可能性がある。連携は大切ではあるが、それは厳密に言えば治療枠を超えることでもあるので、その行為から生じるメリットやデメリットをよく考えて、慎重に行うことが必要だ。

さて第４期では、Ｄくんが不妊治療で生まれたこと、そのためのつらさや違和感などが語られ、Ｄくんが発達障害だとしたら、それも自分の妊娠時の違和感や、そもそもの体質のせいだという思いに収束していったことなどが打ち明けられる。その回を境にＣさんには穏やかさが出てきて、少しずつ変化が現れる。

子どもに何らかの障害が認められる場合、「障害の受容」が親の課題としてよく取り上げられる。しかしそれは他者が思うほど簡単なものではない。受け入れられないのにはそれだけの理由があってのことなので、そうした親の思いにしっかりと向き合い、セラピストが「受容できない親の思い」をこそ受容しようとする態度が必要になる。さもないと、セラピストには「障害を受容しない困った親」に対する苛立ちや戸惑いが起こり、親の方は「セラピストは自分の気持ちをわかってくれない」と感じるというすれ違いが起こる。本事例では、セラピストがこの状況に気づき、仕切り直しをしたことによって、この危機を乗り越えられたと考えられる。

このようなＣさんの変化と相まって、Ｄくんは少しずつではあるが成長が見られ、友達とのトラブルも減り、学校生活にもＤくんなりに適応できるようになったことから母子並行面接は終結となる。

Ｄくんのように、発達障害的な特性があると見立てられても、プレイセラピーの過程で、その特性からくるトラブルがある程度解消し、特性自体が軽度なものに変容していくことはよくある。発達障害的特性は決して固定的で変化不可能なものとは言えない。Ｃさんはこの時点ではＤくんの生きづらさを認めつつも、とりあえず自分たちでやっていく自信を持たれたのだと思う。

（山口素子）

事例3

子どもの発達相談を求めて来談したEさん

1 事例の概要

◆クライエント（以下Cl）

Eさん。初回時、30代半ばの専業主婦で、元医療系専門職。家族は30代半ばの夫（H）、５歳の長男（F）と３歳半の長女（G）との４人で、敷地内に60代の舅と姑が住んでいた。また原家族は近県で60代の両親（Fa、Mo）と80代の父方祖父母（GFa、GMo）、30代の妹が同居していた。

◆主訴

初回時は、Gの発達についての判定と助言を希望したもので、２年後の個別面接希望時は、「子供の発達障害、自分自身の人間関係、家族関係について」（申込票記載通り）で、11年後のセラピスト（Th）の個人オフィス移動時は、「仕事のこと、離婚のこと、子どものこと」（申込票記載通り）であった。

◆Clの生育歴・現症歴

身体は弱かった。小学校高学年では環境に恵まれたが、低学年ではいじめを受け、中学高校の友達関係はうまくいかなかった。美術系の大学進学を両親に反対され、Faの勧めで地方の医療系の大学に進み、地元で就職するが、対人関係の問題から何度か転職。恋愛では傷つくことが多かった。妹が心身の調子が悪かったため、就職後、恋愛に気をとられていたClは両親に責められ、『家族がばらばらになったらあかん』とFaに外出先から連れ戻されたりした。一生独身で仕事に生きようと決意するも、Faの勧めで20代後半の時にお見合い結婚をして、婚家の方針で専業主婦となる。FとGの出産後１、２年はうつになり、家族は受診を勧めるが、Clは投薬が嫌で受診しなかった。子育ては姑が担い、Clを心配した妹もよく手伝いに来て、妹は『私が死んだら（お姉ちゃんは）離婚かな……』と言っていた。Moは自分の夫や姑、実家との関係が悪く、常に怒っていて、父方の祖父母の仲も悪かった。Faと父方祖父は浮気をしていたが、Clはこの二人を慕った。妹は幼少期から強迫症状があり、友人からのいじめをきっかけに10代後半の時にうつになり、入退院を繰り返した。妹は人に対する恐怖があり、信頼できる人がいなくて、Clは「私も産後うつになってわかる」と妹に話していた。Hはうつと強迫神経症で精神科を受診していた。

◆面接の構造

大学院付属の相談室で行う。申込時、検査後に母子並行面接で会うことを提案するが、Clは担当一人を希望。発達相談のみの予定だったが同伴したHの勧めで継続となる。そして別室での並行面接はGの様子がわからないこと、同室での並行面接はClが緊張することを理由にTh一人の母子同室面接を希望されて週１回（有料）で開始した。その後、Gに自閉症スペクトラム障害の診断が出て、月２回の療育通所が決まるが、幼稚園入園までの継続希望があり、入園後も療育と交互の月２回で継続となる。２年後の**#53**にClの個別面接の希望があり、Gの主治医（IDr.）の紹介で精神科を受診予定だったため、受診後にIDr.の了解のもとで個別面接を週１回で開始した。診断はうつと自閉症スペクトラム障害で月１回の受診と投薬は継続された。それに伴ってGも個別面接になるがHの希望で小４の６月に終了した。母子同室面接の間にGMo（姑）が４回、GFa（舅）が１回同席し、**#53**のあとにGFaGMo面接の希望が１回あった。11年後のClの引越しに伴い、#321からはThの個人オフィスにて会うこととなった。

2 面接の経過

Clの言葉を「　」、Thの言葉を＜　＞、その他の人の言葉を『　』で示す。

第1期　母子を共に抱える（#1～#53：X年9月～X＋2年10月）

初回ClはGとHと来室した。Clは背は低めで痩せ型、ショートカットに眼鏡のカジュアルスタイルだった。そして表情の変化は少なくて、姿勢を崩さずにかばんを膝の上で握りしめていた。Thは、Gに検査を30分実施した後、プレイルームでかかわる。ClとHにはGとの関係の結びにくさがあり、かかわりに工夫がいることを伝える。ClとHは、反応がないGへのかかわりに自信を失くしている様子で、「ずっとそうだった」と二人とも涙ぐむ。しばらくかかわるうちにGが声を出して喜ぶ姿を見てClとHは手を叩いて喜び、少し緊張がほぐれる。Gは高機能の自閉症スペクトラム障害と見立てられ、母子同室面接を開始した。

面接ではGの発達や自分自身の人間関係への悩み、家事の不安（うまくできないこと・洗浄強迫があること・料理作りに執着すること）、身体の不調（肩こりやだるさ・食欲にむらがあること）が話された。そして、Fのこと（持病再発と手術、塾通いとお受験の失敗）や、原家族のこと（妹の病状悪化）が重なり、Clは抑うつ的になった。Clの子育ての負担を軽くするため、GはX＋2年4月（4歳時）の舅の退職を機に舅宅に移り、ClとGのかかわりは、幼稚園の送迎時や、療育や面接の時のみになる。

この時期は母子共に分離が難しく、面接で共に抱えた時期であった。Clの抑うつはましになるが、妹が急死した9月に再度ひどくなり、10月に個別面接の希望がある。

第２期　母子並行面接のはじまり（＃54～＃122：Ｘ＋２年10月～Ｘ＋５年２月）

＃54「妹が亡くなって……」とすぐに涙があふれる。Thも涙があふれてくる。「何もできなくて……」。「妹は10代後半の時にうつ、最近発達障害と（診断）。私も（発達障害）かもしれないと、一緒に頑張って生きていこうと言っていた矢先」。妹のことを「Faには誰にも言うなと言われた」が「家事もはかどらず。幼稚園の送迎がしんどかった。でもＧとは会話にならないけど一緒にいられる時間。Ｇ自体はよくなってる。私が……」と声をあげて泣く。「一人に耳を傾けてもらえるのはありがたかった。Ｇにも同じ思いをさせてあげたいので、Ｇも（面接を）一人でお願いしたい」。Ｇの面接を別のセラピストが担当することを提案したが同じ人でとの希望が強かったため、Th一人で母子別々に会うことになる。

＃55 妹のことを誰にも言えずにいたが抱えていられなくて話したかった。「お母さんなので子どもらを残してはいけない。両親にこれ以上辛い思いをさせてはいけない」。うつを治そうと、受診と投薬も決意した。「自分のセラピーも続けたい。私の生きやすさを考えるのが、Ｇのためにもなると思うので、考えたい」。

＃56「何をどうしていったらいいか。うつ以前から。人に振り回されてる感じ。人の言うことが気になる。自分の殻に閉じこもる」＜こもるのも必要＞。「今まで見なかったのに夢を見た」。**【夢１】Faが『元気か』とこっちの家（婚家）に来てくれた。**「妹が亡くなった日、Ｇの園（カトリック系）にいる時にFaから電話があり、マリアさまの前で落ち着く。心の中にある。ここ（相談室）のイメージ、Th」。

＃59【箱庭１】初めにテーブルと椅子、周囲に円状にアイテム。椅子は「Ｇも一緒にいたいので４つ」。マリアさまは「お地蔵さまでもいいが、今は園の関係で。近くで見守ってもらいたい」。Ｈは「頭抱えてる」。私は「寝転がってたい」と女性の人形を地面に寝かせる。「今ほっとするもの」と（箱庭を）終える。

#60【箱庭２】ベッドにCl（女性の人形）が眠る。Ｆが幼児から小学生に成長。「Ｈはけんかしてるので離れてて。子どもらは自由に。ふくろうや薬、Thがそばにいる。ピアノもお守り。マリアさまにキリストも（お守り）。助けてっていう気持ちが表れた」。他には噴水がある。

#61【箱庭３】初めてお墓を左下隅に。しんどさが伝わる。「お墓は（妹を）思い出したいのと安らかに眠ってほしい。マリアさまも見える。（これらが）心の中にいつもいてほしい。妹のことは初め忘れようとした。現実を受け入れられない」。

#64【箱庭４・お地蔵さま１（写真１）】初めて左下のお墓のそばにお地蔵さまを置き、「妹に成仏してほしい」と語る。「マリアさまはみんなを見守ってる」。

写真１　# 64 箱庭４・地蔵１（左下：お墓の上）

#65【箱庭５・お地蔵さま２】「みんな一緒に近くに。私に必要なものを周りに」と眠るClの周囲に必要なもの。「家の中を好きにしたらいられる

かも。離婚したくない。マリアさまは亡くなった人も発達障害の人も大きな器で受け入れてくれる感じがする」。

この時期は妹の死に引きずられるようにうつ状態がひどく強まった時期だったが、夢や箱庭というイメージが出現した。話の内容は脈絡のない現実のごたごたとそれに対する感情の嵐に終始していたが、夢や箱庭を媒介として少しつながれる感じを持てた。

第３期　救い手のお地蔵さまと共に（＃123～＃234：X＋５年２月～X＋８年11月）

＃135【箱庭22】「４人そろって。Ｆと３人だとＨはすっと２階に。Ｇがクッションに」。この後、舅宅にいたＧはCl宅に戻る。

＃185【箱庭25・お地蔵さま10（写真２）】「私はこれ」と青い鳥を中央に。両手で大事そうにお地蔵さまを置く。「守られてる。守られたいというのがある。自分が守らないといけないのに」＜自分を守らないと他の人も守れない＞「鹿は対だと強くFaとMoという感じ。甘えられへんけど、そばにいてほしいと思っているのかも」と涙。「ＦとＧの関係を見てて」と号泣し始める。「（私は）仕事している時でも家を出たいと思ってて。自分も（妹

写真２　＃185 箱庭25・地蔵10（左上：滝の下）

を）負担に思ってたんやから、Fにどうしてやったら……。私にできるのはお弁当（作り）と塾の送迎だけ」＜十分＞。

#202【箱庭33】実のなる樹がClら４人を囲む。穏やかな感じ。「やっと自分を受け入れられるように。病気だろうと障害だろうとどうでもいい。Gのことわかってやれるのは自分だけ。一人でもわかってくれる人がいると違うと思う。みんな認められたいというのを、（周囲の人に）わかってほしい」。

#206【箱庭34・お地蔵さま14（写真３）】お地蔵さま４体がClの眠るベッドに寄り添うように。

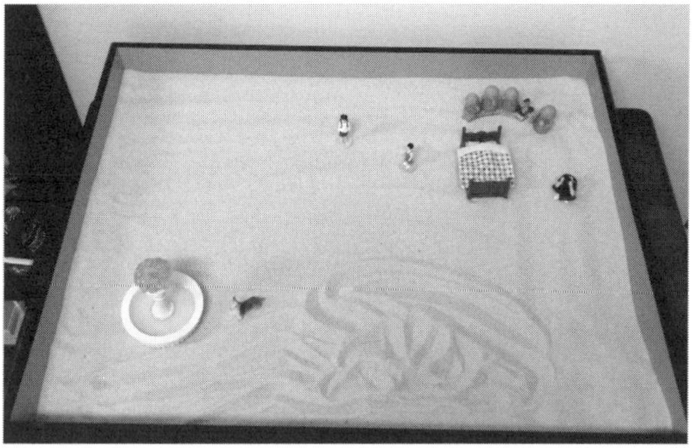

写真３　＃206 箱庭 34・地蔵 14（右上：ベッドの上）

#229【箱庭40・お地蔵さま18】FとGとして、成長した人形を選ぶ。＜二人は大きく＞「でもこっちがついていけない」。**#231**「こんなお母さんでいいのか。もう生きていくのに疲れた」。**#232**【箱庭43・お地蔵さま21】Hには「見放されてる感じ。妻じゃなくて同居人」。この後、Gの面接は終了し、Clの個別面接だけになった。

#234【箱庭44・お地蔵さま22（写真４）】HはなくFとGはClから離れる。お地蔵さまの後ろに大仏も。寂しさとより守りを強くする必要性を感じる。

写真４　＃234 箱庭44・地蔵22（右下：ベッドの上）

「子どもたちがちょっと遠い。お母さんじゃない。Dr.が『入院もできる』と言う。妹もこんな感じだったんでしょうか……」。FaにClへの生前贈与をH名義で送ると言われた。「私この家追い出されたら何も残らない。（実家に）帰ってくるなということですか？　見放されたような。子どもも言うことを聞いてくれない。もう死ぬしかないですか？　何もできない。でもしなきゃいけないんですよね……」。

この時期もひどいうつ状態であったが、箱庭ではお地蔵さんに守られるイメージが続いた。

第４期　家族や実家との関係の結び直し

（＃235〜＃287：Ｘ＋８年12月〜Ｘ＋10年９月）

Clは４か月間（X＋８年12月〜X＋９年３月）初めて一人で実家に帰り、両親に甘えて生活した（その間は面接を中断した）。Hは子育てにもかかわるようになった。再開した面接後は、抑うつは改善し、人間関係での肯定的な面が主に語られた。しかし、知り合いの急死をきっかけに妹を失くした哀しみが続いた。

#246に知り合いの急死から考え続けたり感情で行動してしまうと語り、＜何に心が大きく揺れるのか知りたい＞と言語連想テストを勧めた。Clはすぐに同意し、「死別と聞くと妹を思い出すから不安になって焦燥感。ずいぶん整理できたと思ってたけど引き寄せる。あんなにしんどかったとその時はわかってあげられなかった」と号泣した。言語連想テストは**#247**に施行し、刺激語と反応語との関連への連想や注釈を尋ねる回を３回持った。Clは情動的負荷が高まって、フラッシュバックのように浮かんだ経験や連想的に紡ぎだされたことを話し続けた。

#248「車をぶつけてしまって」とClは困った顔で来室し、面接の前のお会計や移動中も早口で話し続けた。車をぶつけた状況、急いだ理由、自賠責のこと、お金の管理のこと、Hとけんかしたことなど時系列もばらばらで主語も不明なままで語った後、「最悪……」と頭を抱える。５分程して開始。連想実験の「病気（刺激語）－死（反応語）」について尋ねると、「病気をすると治ることもあるんですけど、死ぬこともある。病気をすると死ぬんじゃないか（と思う）。うつでもがんでも死と直結。うつは大したことないと言う人も。でも今日のこともHとけんかしたら山から飛び降りてしまおうと思うかも」と涙声に。「ちょっとでも人とうまくいかないと（そう思う）」。「私も（話を）聞けてないのか。（言語連想テストで）再生して記憶できてないのか。私の中では自賠責を切ることしか頭になく……」と早口で話した。そして妹の語りが落ち着いた後の**#252**（X＋９年９月）に【箱庭45】を置く。「休むようにとHが実家に送ってくれて１週間過ごし、家族で戦争の話に」なり、戦争被害を受けた町を作った。聖母子像や鳥居、お墓が置かれ、Hも戻り、Clはソファに眠る。「よく父方祖父が戦争の映画を観て涙を流してた。私はおじいちゃん子で一緒に。そういうの思い出して」。

第５期　居場所の模索（＃288〜＃316：Ｘ＋10年10月〜Ｘ＋11年７月）

＃289「寝てるとＨに怒られる。昨年は緩すぎた。『ストレスたまる』と私への暴言とか叩いたり蹴ったりがひどくなった」。**＃292**「Ｈには『DVで訴えていい。裁判で勝つ』と言われる。どんどん不安に」と涙目。**＃293** しんどいのをＨにわかってほしくていらいらして「Ｇに何度も怒って頭も叩いて暴言はいてしまって」。**【箱庭51（写真５）】**道標二つを初めて。「今住んでる家と実家。どっちに戻ったらいいのか。いらいらして子どもに当たるんだったら。この環境では治らない。子どもと自分のことで悩み、Ｈの顔色を窺って治す自信がない」。

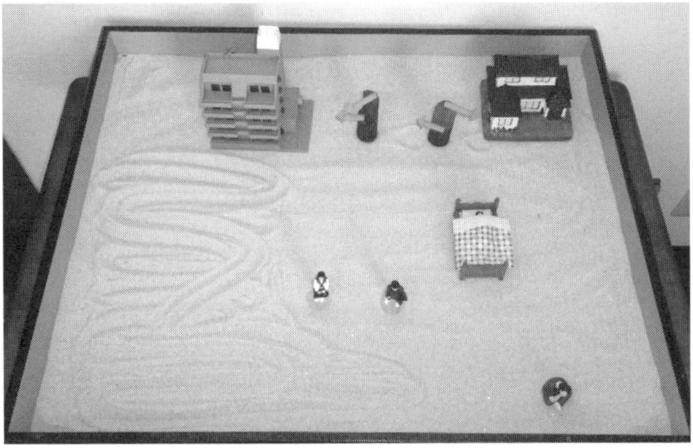

写真５　＃293 箱庭 51

＃301【夢43】仲間由紀恵さんの家に行って、こんな人なんやな、適当に物ぽんと置いてあったりするんやなと。「きちんとしたイメージがあったけど、適当にしてもいいと」。**＃302**「嫌われてるとか認められてないというのは自分が思っているだけか。Ｈは『お前の顔見てたら呑まないとやっていられない。うつの嫁と障害者二人』と全部私のせいにする。Ｇはあほではない。気持ちはわかるし優しい」＜その通り＞。「ＨはIQが高かったらしい。私は低いと思うけど、自分の得意不得意知っといたほうが」とThに

WAIS－Ⅲの施行を希望。**#303**　Fは『離婚してもお父さんについていく。お母さんいなくてもやっていける』と。「私も昔、同じことを言った。Moに『どっちについていく？』と言われてMoとだと生活できないと」。**#305**【箱庭53・お地蔵さま23（写真6）】「今、転機」。Clたちの「大好きな」ものや「なんも考えずに飛んで気持ちよさそう」なナウシカ、実家のお墓やお地蔵さま。

写真6　# 305 箱庭 53・地蔵 23（右下：ベッドの右）

#306 休憩を挟んで約3時間でWAIS－Ⅲ。「疲れました。やっぱり言語は苦手」。一生懸命とりくんで満足そう。**#307【夢46】私が知らない人と淡々と一緒に作業してる夢。**＜淡々と。楽な方法教えてくれてる＞「そう」。WAISの言語性の結果を伝える。偏りはあるが全体で弱くないこと、学習によるものは強いこと、頭で保持して作業するのは正確だが時間はかかること、短期記憶も頭での作業がないとかなり高いことを伝える。「ずっと話を聞き取れないと思ってた。Hに説明できない」＜聞きとれる。でも人に説明しようとすると頭で作業がいる。メモを手がかりに伝えては？＞「IQ低いと思ってたけど、100は超えてる。受けてよかった。Faが『メモ』と言う意味がわかった。自分もFaと同じところ持ってる。すぐに忘れる。自

分はだめ、生きていけないくらいに思ってた。でも生きていけますね」と笑う。

#308【夢47】一人で何かしてる夢。＜初めてですね。一人の時の夢は＞「できるかどうかが不安。子どもが帰ってこないと心配」＜心の中に一人でいるイメージが育っている感じがした＞。**#313**　WAIS－Ⅲの認知面の結果を伝える。処理速度はゆっくりだが正確と伝えると「服とか増えてどれ捨てていいかわからない」と言う。＜なぜ買うの？＞「汚くなったり入らなくなったり」＜じゃあいらなくない？＞「ああ」と笑う。**#315** 夏休みはＧの学校も塾も宿題が多い。「本人『全然わからない』と。『なら親が導いてやらないとだめだろう』とＨが。でもＨは何もしてくれない。私、頭全然働かない」と涙目。「怒ってばかりに」。**#316**「疲れてしまって……」Ｈに『もう愚痴聞きたくない。出て行け』と言われた」。

第６期　自立に向けて（#317〜#360：X＋11年８月〜X＋14年３月）

お電話で「離婚することになると思います」と号泣。**#317**「Ｈの薬中とか障害者とかの暴言に耐えられなくなって。Ｇでいっぱいいっぱいで俺とＦのことは考えられないのか、女として見れないとか（言われて）。この家でうつは治らない。我慢できないと言った」＜よく言えた＞「Faには『障害児（G）を押し付けられるな。ＦとＧの二人連れて来い』と。でも婚家はＦは離さない。私が実家で静養して独立して仕事を始めたらＧは迎えに来ていいと。自信はないが。この家のストレスだけでなく妹のこと、Ｇと自分の障害のこと、PTSDも。両親は（離婚を）納得できないと」。**#318**　これ以上我慢できなかったと思う。「Ｈの仕事が忙しくなり、お酒も増えて、昨年は私を蹴ったり殴ったりがあったし、Ｇの勉強見れへんというのが」。「Thの面接は遠くて月１回しか無理かも。もっと必要でも他のセラピストは無理。Thは自分のこと、子どものこと、家のこと、全部知ってくれてる。相性もいい」。３月末のThの退職と個人オフィスがあることを伝えると、「そこなら週１回通える」と引越し後からの面接を希望。**#319** 表情は明るい。両親に同居を誘われたが一人で住もうと思う。いずれMoとはけんかになると思う。Moは『自分は（実家に）帰れなかった。離婚を考え直せないの。何の不自由もない所に嫁いで』と」。「Faが心理士さん信じてない。でも病院は聞いてくれない。『友達に相談すればいい』とFaに言われるけどThに話すのとは違う」。**#320** きれいに化粧。しばらく静養して仕事をしたいと話す。＜急がなくても。家事と子育ては立派なお仕事。（離婚時に舅が『気持ち』とくれた）お金は退職金みたいなもの＞「好きなことして自分にお金と時間をかけるのでもいい」＜そう＞。

#321　Thの個人オフィスに。笑顔で入室後、箱庭の棚を見て「相談室と同じ」と喜ぶ。「特にこれがうれしい」とお地蔵さまを手に。マリアさまやふくろう、家族人形も。「Thは独立されるんですか」＜いつかはと思ってて＞「私はとりあえずFaMoの所に」。借りる予定のFa所有のマンションは空きが出ず。婚家を出た日は「お昼をGとHの３人で食べて、お出かけと（Gには何も言わず）出てきた。前日舅と姑にお世話になりましたと言って墓にも」。今後Gの学校や病院とのかかわりはHが。＜今まで全部やってきた＞「はい……。しんどかったです……」。「ここは落ち着く。場所が代わってもThは同じで安心してたけど、箱庭もあってもっと安心。場所も一番最初の相談室と似てて、懐かしくてほっとする」＜それでここに（オフィスを構えた）＞。

#322　Faは不動産を継いでほしがるが「Gを引き取るのにきちんと仕事がないと」。Faは養育権を放棄するよう言うが、「生きがいがなくなる」。**#323**「Gから葉書が。字まっすぐに」。“お母さんへ。お元気ですか。…（中略）…体調をくずさないでください。じいちゃん、ばあちゃんによろしくおねがいします　G”とある。**【夢51】婚家に置いてあるキュロットのジー**

ンズを洗濯していないという夢。「未練がましいか」＜当然ある思い＞。

#324 来年もFaMoと一緒に住むとしたら「自立もできない」。Faは医療職が難しいと言うが、前に３つの職場で働いた時は「色んな所でお勉強できてよかった。（Fの）腎臓病は、妹とも繋がる。白斑も。こころの病気も。以前の私より障害の人の親の気持ち、本人の気持ちもわかる」。「胃腸の調子の悪さから出ていたぶつぶつが実家に帰って１週間で治り、（減っていた）体重も１か月で３kg戻る。毎週ここに来るのが楽しみ。余裕が出て。子どものことを思うと心は痛むが」＜余裕がないと子どもも見れない＞。

#327　Faが「干渉してくる」＜Faと話すことが多いのですか。Moには話さないの？＞「Moにはわかってもらえないから」。「「いつから仕事に」とFaに言うと『元気になってから』と」＜Faが決めることではない＞「昔からFaには勝手に何かしたら怒られるというのが……。結婚も医療職もFaが決めた」＜今後は自分で決めることが大事＞「そこが私の課題なんでしょうか……」＜離婚は自分で決めた＞「Faは逃げ場は作ってくれてた。でも勝手に離婚を私が決めてと怒って。あまりFaに相談しないようにします。でも子どもの頃構ってもらえなくて、認めてほしいという気持ちがある。Moみたいになりたくないと思っていた」。

#328【箱庭54・お地蔵さま24（写真７）】。「子どもたちは大丈夫なんかな……。会いたいと思ってくれてるのか」。子どもたちと、Gの好きなトトロなどたくさんの子どもたちの「好きなもの」が、ベッドにいるClと少し離れた左上に並ぶ。Hはいない。「寝てる。それが一番必要なのかな」と「優しいお地蔵さんを近くに」置く。暖かさが伝わり、作るのを楽しむ感じに変わる。

#329「『なぜ障害の子（G）を引き取らないといけないのか』とFaが言う」。＜でも引き取りたい＞「でもFとGを離すのがいいのかどうか。私の思いでしていいのか……」と号泣。**#330**　FaがHに電話。子どもたちは

写真７　＃328 箱庭 54・地蔵 24（右下：ベッドの上）

『初めショックを受けてたけど今は元気』と。「Faが（面接を）月１回位にしたらと。私は話聞いてほしいだけなのに。『わしらが聞いてる。そんなものにお金使われたら困る』とわかってくれなくて」としばらく泣く。

＃331「Gが『お母さん帰ってきて。お父さんが謝ったらいい』と泣き、Fは『お母さんはお父さんをよっぽど嫌ってたんやね』と」言っていたとFaから聞く。Fの誕生日前日「眠れなくて涙が出て。どうしていいかわからないので辛くて。Hにおめでとうって言ってと」。「親に自分のうつが治らない原因を言わされる。妹のことが一番と言うと『妹のせいにしないで』と。じゃあGの障害がわかって舅にいろいろ言われて辛かったと言うと親は向こう（婚家）のせいに。Gと自分とを重ねて辛かった」。＜妹のことは大きい。大事な人を亡くして辛いのは当然＞。しばらく号泣。＜ストレスは誰でもある＞「Hも私よりあると思うし子どもたちも。私に育てられてうまくいってない。心が痛むけど何もできない」。Thを『妹は信じなかったのになぜ信じるんや』とFaが言う。「前の家（婚家）でも今（実家）も縛られて結局ずっと自由がない。子どもの頃から」。

＃333 離婚手続きを終えて「解放された面と寂しい面と」。**【夢55】** Gが小

学生、Fが中学生、私が高校生。小中学校の同級生と卒業旅行に行こうと。同級生は別の高校なのに。（修学旅行は）他の子と行ったのに。「FとGは普通に生活してて、私と兄弟みたい。Moいわく私は子どもに戻ってると」＜子どもたちと夢で会えた＞。**【夢57】非現実的な場面。建物が全くなくて大きな穴のある壁を伝って歩いてる。Hか他の男の人か、私かHの奥さん（夢の中だけの存在）か。さまよってる。覗いて見てるのか不思議な空間で、穴がいっぱい空いてて。核戦争みたいなのが起こったように廃墟。穴自体は丸くきれい。いくつも重なっててどこに行っても同じような空間。どこに行ったらいいのかなと。見たことのない景色。地球じゃないようで地球か。**「植物もない。地面もよく見えない。夕方か。男女はそばに。客観的に見ている自分がいる」。

#334「いつか私が不動産を継がないと」とFaに頼られるのが嬉しそう。**#335** 面接代に「Faがすごくこだわって。もういらいらしてきて。私はThとの繋がりを切りたくない。友達にも離婚のことは話せない。（親は）離婚のことは周囲に言ってないからちょっと帰ってきてると周りに言っとけと。一人暮らしすると言うと不動産管理ができるんかと。跡取りがないと言うのでGを引き取ると言うと、Gはちゃんとできるんかと。（面接に）婚家からのお金で行くと言うと『あんたのお金ではない』と。じゃあ働いてかせぐと言うと『まだ早い』と悪いほうにばかり言う」。面接の頻度は「減らすのは嫌。私は他に何もいらない」。**#336**「早く家を出たい」とFaに言うが、「『躁うつだから心配』と言うのと寂しいのとで、私を離したくないよう。やっと話し相手ができてMoと二人より暮らしやすいようだ。相続しないと言うとFaが泣いた。Moは『早く出ていけ。こんなやつ自立させないと。調子よくなってしゃべりまくるし。勝手に出てきて』と急に切れて。私とFaが仲良くしているのでやきもち焼いてるのか。私が元気になると腹立つみたい」。「私は、離婚は恥じてない。親が恥じてるだけ」。

#337「もう仕事始めようと。親が心配ならできるというのを見せようと」。引越しもしようと思う。**#338**「Gにもとりあえず頑張ってるお母ちゃんを見せるしかないなと。Gの誕生日におめでとうって言っといてとHに伝えた」。**#339** ここは「落ち着く。安心する。お守りに持っておきたい」と部屋の写真を撮りたいと言う。Thは了解する。**#340**「眠い。引越しで疲れたか」。４日勤務したが「仕事以外はずっと寝てて。仕事も（前と）変わってて自信ない」。ご飯を作れず、Moが『食べにおいで』と。Faは不動産を継いでほしい。『仕事を辞めたら俺の言う通りに』と。だから頑張ろうと」。職場は「初めて女子ばかりで怖い。だめだったら辞めていいですか」＜いい＞。**#341**「仕事も不注意が多く。患者さんにどなられて。失敗して怒られて。失敗については、夢で見て切り替えた」**【夢65】ミスは誰でもするし、次にしなかったらいいと誰かに言われた。**「人間関係でしんどくて続けるのが無理かも」。

#342「Gから葉書が届いた。旧姓（Clの実家の姓。現在のClの姓）で」と見せる。「H曰くGの意思で書いたと。それ見てちょっと元気になって」。**#343**「今月妹の命日がある」と涙声。**【夢68】誰かが私の事をはげまし（？）助けてくれる夢。**「Dr.とかTh。私は信頼してる。妹は残念だったけど」。**#344【夢69】誰かに助けてもらう夢。**「心の支えになってくれてる。ヘルプ出せるようになったからか」＜自己治癒力みたい＞。

#345「急にうつに。Gの受験が気になってFに電話。Fは（Clが同居していた頃の荒れた態度とは違って）明るかった。Fとはメールはしてた。Hにも電話」。Fの友達の母親からFが塾で頑張ってると聞く。「私からFへの悪影響はない」。**【箱庭55】**中央のベッドにClが寝る。「UFO置きたい。今と違うものに出会いたい。親に甘えられるように」。FとG、ClのそばにFaとMo。「そばにいてくれてる。FやGも頑張ってるんだから私も」＜頑張ってる＞「うまくいってない。私は子どもに戻ってる」。

#346「とにかく眠い。悪口の中で働くの嫌。どこに行ってもあるけど」。働き始めて止まっていた生理が約５か月して戻り、今もある。**【夢71】蛇が出てきた。茶色、白色、黄色の蛇があっちこっちにいる。山か畑か。木の茂った中、木の間や枝や根や土の上をはってる感じ。「茶色は見にくいが白色と黄色はよく見えて。黄色が鮮やかですごい印象的。襲いかかってくるのでも気持ち悪くもない**」＜白蛇は神様とか幸運とか＞「いいものなのかな」＜蛇信仰もあり、生まれ変わることにもかかわる。円に繋がるので永遠とか。海外の医療のマークも＞。**#347** 蛇の話をして「Faが『宝くじ買ったら当たるじゃないか』と言った。私は待ってると他にいいことがあるかもと言った。するとＦの誕生日にＦが電話に出てくれた。その後、修学旅行のおみやげを持って実家の最寄り駅まで来てくれた。蛇はこれなんだと思った」＜宝くじより＞「もっともっとうれしい。おみやげ買ってきてくれたのが。仕事は忙しかったが何とかそれで耐えられた」。**【夢77】子どもと昔どこかに行った夢。**「前は怒ってる夢しか見なかった。忙しかった時、子どもが言うことを聞かず、自分の声で起きることがあった。夜驚みたい」。職場の大変さを話し、「とりあえずＦに会えたのがよかった」＜仕事しんどくても励まされる＞「そう。おみやげ見て、待ち受けにもしてて。Ｇからの葉書も。返事は書けないが。ＦもＧも頑張ってるので、私も頑張ろうと」と本当に嬉しそう。

#348「Ｇが高校合格したんです！　引き取りは無理か」。Ｇの年賀状を涙声で読む。Faの意見を出しつつ違う自分の意見を言うことが続く。**#349**「Moが婚家がしんどかったとわかってくれて。Ｆ、Ｇと離れて辛かったけど。結婚してすぐ子どもができて子どものためにと頑張ってきて。もっと早く別れたらよかったが。でも若い頃なら親もわかってくれなかったかな。妹のこともあり今だったのかな。（うつになって）自分がよくわかった。前は常にいらいらしていた。ちゃんとしなきゃと思っていた。婚家の姓から現在

の姓に代わって素でいいと思えた。ストレスはどこでもある。職場の人のことも腹立ってたけど、Thに聞いてもらってすっとした。前はＨに腹立つとずっと怒りが消えなかった。職場はみんな言うことが違う。譲れないところはこう思いますといずれ言おうと思う」と笑顔の強い口調で自信が伝わる。

#350「Ｇにはプレゼントを送る許可をＨに得た。Ｆとはこっそり会ってる」。**#353**「白斑は昨年よりましになった。やはり婚家のストレスだった。仕事もストレスはあるが追いつめられるストレスとは違う。寂しい。このまま一人で死んでいくのかと。でも舅姑からのストレスとは違う。婚家では優先順位がわからなかった。仕事にはある」＜仕事は慣れる。子どもは変わっていく＞「仕事では追い詰められる。この職場でやっていけるかと思う。主みたいな人に一番文句を言われる。でも、無視されるとだめだが、言われるのはましだと思うようになった。前だとどうしようと思っていた」＜考え方が＞「前はがんと（落ち込んでいた)。Ｈに言われても。言ってるな、と流せるようになった。今は動いたらだめだし動けなくていいんだと思うように」。

#354「職場の主みたいな人がずっと嫌味。私が仕事できないからしごかれてると思えばいいが。今、はけ口にされている」。「Ｇから今年は葉書がない。忙しいのかな。待つとだめですね」。「仕事はここ２、３か月で成長」。**#356**　Ｆとのメールのやりとりを見せる。二人とも笑顔。「Moのご飯食べたい」と実家に行った。「親の安否確認も。（今まで）親と仲良くしてなかった自分がいるので。前はMoはあほやと（思ってた)。(Moが）昔の友達を大事にという意味がわかる。高校の子で私だけ離婚。慰めてもらった。子育てでみんな悩んでる。発達障害の子を持ってる人もいて私の話を聞いて『安心した』と。（子どもも）いつか友達できたらいいと思うと話した」と嬉しそう。

#357「仕事の同僚が小さなことでも聞いてきて全然集中できない。私も邪魔してたけど最小限にするように気をつけている」と同僚を鏡にして自分を振り返る。「Ｇの学校を見たくて行った。偶然Ｇが出てきた。背高くなってた」と遠くから撮った写真を見せる。ＦがClに会いに来てFaとMoと一緒に撮った写真も。「（仕事を）いっぱいふられる。『慣れてきたし手伝って』と」と自信を持って話す。

#358「Ｇも元気にやってる」とＨに聞いた。「家（婚家）を出てから２年たつ」。Faに不動産管理してと言われるが、私は「55まで働く」と言った。

#359　Ｆが私立大に合格して「ほっとした」。すぐお祝いを言おうとＦに電話。本命の公立大は特殊な学科でＦは舅に説教をされて『就職を考えてない』と言われるがＦは『受ける』と。「やりたいことやったほうがいい」とＦに伝えた。＜そう思う＞。ＦがＧにも『替わろうか』と。「いいの？」とＧとしばらく話す。舅に後継ぎのＦだけがかわいがられ「Ｇの行き場がない。お母さんのところに来る？　と聞くと『嫌』と一言。年賀状も返事してないし、（舅姑に）何言われているかわからないし、仕方ないかな」と繰り返す。「ＦがＧの親みたい。申し訳ない。兄妹仲がいいのはいいけど」。Ｇと話したのは３年位ぶりだが本人にはあまりいろいろ聞けなかった。＜元気にしてくれてたのがわかれば＞「それだけでいい。Ｆは私が家を出て強くなった。私も強くならないと。同情はいらない。今が生きられたらそれでいい。食べて寝て」と笑う。たくましさを感じる。

#360「このあとＦに会う」と声が弾む。「公立大も合格。すごいんです。私が家を出ても彼らは頑張ってる。肩の荷が下りた」。仕事のミスの話を笑ってする。「うつの薬を飲みながら頑張ったと自分を褒めようと思う」＜そう＞。**【夢80】（大学の）同窓会の幹事をしてる子と男女の関係になってる。その後、彼は男性とも（関係を持つ）。**【箱庭56・お地蔵さま25（写真８）】立つ女性と寝る女性、制服の男の子と女の子。周りにいろいろなもの。最

後に噴水。「私は今日元気（と立つ女性）。でも休む時もある（と寝る女性）。休む時はお地蔵さまが守ってくれて。女性としていくつになってもきれいなもの（とガラスの靴）。昔からの私の元気の素（と噴水）。子どもとはこれ位の距離がいいのか。私も大学の時、FaMoとずっと一緒だとうっとうしいと思った。Gにはいてほしい時にいてあげられずに悪いが、当たるより。これ（神様）はFに福がついたが、次はGについてほしい」＜女性どっちもあるのがいい。みんなどっちもある＞「二つおくのずっと抵抗あって。今日（箱庭）してよかった」＜Fと楽しんできて＞「はい」と本当に幸せそうに帰る。

写真8　＃360 箱庭56・地蔵25（左中央：Clの上）

この時期Clは離婚し、子どもたちとも離れる。また実家に戻ることによって、Clの問題のもとと考えられる原家族の難しさが顕在化する。しかしその中でClは徐々に内省をするようになり、夢に自らを励ます力が出てくるようにもなった。仕事を始めることで、トラブルはありながらも現実処理能力も育ち始めている。Eさんがやや安定してきたことにより、子どもたちも落ち着き始め、その関係も回復しつつある。まだまだ独特な物事のとらえ方や、ちょっとしたことでひどく動揺したり落ち込む状態は続いているが、徐々に自立への道を歩み始めており、今後もその過程に付き添っていきたい。

（中井由佳子）

事例3へのコメント

本事例では子どもGちゃんが高機能の自閉症スペクトラム障害と診断され、母親Eさんにもうつと自閉症スペクトラム障害が認められる。また第1子Fくんにも持病（腎臓病）があり、夫もうつと強迫神経症で、妹も強迫症状とうつで入退院を繰り返すなど、原家族・現家族・本人・子どもそれぞれに難しい問題を抱えている。

第1期ではセラピスト一人で、母親と子どもに同室でかかわることになる。母子並行面接では子どもの分離不安から、慣れるまでは母子同室という場合はあるが、本事例では分離できないのはむしろ母親であり、別室どころか母子別々の者が担当することさえ無理という訴えを聞いただけでも、相当に難しいクライエントであったことがわかる。初めから子どものことだけではなく、自身の悩みや他の様々なことがおそらく脈絡もなく出現しており、セラピストはただただ耳を傾け、支えることしかできなかった時期であろう。

第2期では妹の急死がきっかけで、母子別室の面接が始まる。きっかけはどうであれ第1期の取り組みを経て、ようやく母子分離への第一歩が踏み出せたと言えるだろう。この時期に夢や箱庭が出現し、クライエントの内界への手がかりが見つかる。クライエントはセラピストにマリア様を投影し、その腕の中に抱かれる体験をしていたようである。

第3期は妹の死と結びつくうつ状態がさらに進み、箱庭ではただただベッドに横たわるイメージが続くが、死への境界を超えることを防ぐような地蔵のイメージが守りとなっている。

第４期、第５期では少し現実面での動きが出てきて、クライエントの居場所探しが始まる。この時期に言語連想テスト、知能テストを行ったことで、クライエントは自分自身を知る手がかりを見つけ、また人（例えば夫）が言うほど、そして自分が思っていたほど知能が低くはない（馬鹿ではない）と少し自信を持てるようになる。それらと相まって、夫の暴言暴力など、夫の現実の姿も語られるようになる。

第６期では離婚話が持ち上がる。話としては突然ではあるが、これまでの流れから見ると自然であったかもしれない。この時期Eさんは自立への道を模索し始めるが、それには、原家族の中でもともと抱えていた問題に向き合うことが必要になる。そして原家族から離れて一人暮らしをすることとなり、職に就く。仕事場でもEさんの持つ不安定さや人間関係の取り方のまずさなどから様々な問題が起こるが、Eさんはそれらを通して少しずつ成長している。

これまで、Eさんはずっとセラピストの支えで進んできたが、この時期になると、Eさんの夢そのものが、Eさんを励ましたり、助言をするようになる。まさにEさんの内なる力、治療者元型（47頁参照）が顕在化し、自立への道を歩み出したように見える。

子どもとの関係から見ると、まず第１期でEさんのうつ状態がひどくなった時、Eさんの子育ての負担を軽くするために、Gちゃんは一時期舅宅に引き取られる。それがEさんの意に沿ったものだったかはわからないが、このことが融合状態からの母子分離に寄与したことは確かだと思う。

母子同室の解消後もセラピストによるGちゃんへのプレイセラピーが継続されたが、夫の希望で小４の６月に終結する。この間のいきさつは詳しく述べられていないが、Gちゃんも発達障害の特性が強いことから、セラピストとしては継続を希望していたのではないだろうか。しかし夫もまた難しい問題を抱えていることから、夫の希望に異を挟むことで、Ｅさんの面接さえも中断することを恐れ、この終結となったと推測する。この家族においては、ＥさんとＧちゃんだけではなく、夫も含めそれぞれの様々な問題が絡まり合い融合することで、事態をさらに悪くする状況だったので、ここでは来談しやすい人、モチベーションの高い人に焦点を当てることは妥当だったと思う。

離婚の際、Ｅさんは二人の子どもを置いて実家に帰っている。表面的な事象からは、ますます子どもから遠ざかっているように見える。しかしＥさんは子どもを引き取るためにはまず自立しなくてはいけないと語っている。これは一人の人間として子どもを認め、その関係を作り直すためには、自分自身が一人の人間とならなければならないということだろう。

実際、物理的な距離を置くことで互いのストレスが減り、同居していたころはＥさんに対して辛辣だったＦくんとの関係も回復しつつある。またＧちゃんも安定してきている。このように見ていくと、Ｅさんが一人の人間として分化、自立していく過程にセラピストが寄り添うことは、遠い道のりに見えても、結果として子どもの成長や家族の力動にも変化を与えるものだと考えられる。

（山口素子）

文　献

Freud,S.（1917）*Vorlesungen zur Einführung in die Psychoanalyse*.（井村恒郎・馬場謙一訳（1977）精神分析入門　下　フロイド選集改訂版２巻　日本教文社）

Guggenbühl-Craig,A.（1978）*Macht als gefahr beim helfer*. S.Karger AG Barsel.（樋口和彦・安渓真一訳（1981）心理療法の光と影　創元社）

橋本やよい（2000）母親の心理療法　日本評論社

畑中千紘他（2016）発達障害へのプレイセラピーにおける保護者面接の意義と可能性　箱庭療法学研究　Vol.29 No.2　pp.17−28.

東田直樹（2007）自閉症の僕が飛びはねる理由　エスコアール

東田直樹（2013）あるがままに自閉症です　エスコアール

Jung,C.G.（1921）*Psychologische Typen*（CW6 Routledge London）

Jung,C.G.（1927）*Die Erdbedingtheit der Psyche*（CW8 Routledge London）

Jung,C.G.（1934）*Wirklich der Seele*（CW17 Routledge London）

Jung,C.G.（1937）*The Terry Lectures of 1937*（CW11 Routledge London）

Jung,C.G.（1946）*Die Psychologie der Übertragung*（CW16 Routledge London）

Jung,C.G.（1950）*Zur Empirie des Individuationsprozesses*（CW9-1 Routledge London）

Jung,C.G.（1954）*Die psychologischen Aspekte des Mutter-Archetypus*（CW9-1 Routledge London）

亀口憲治（2003）家族療法的カウンセリング　駿河台出版社

河合隼雄（1986）心理療法論考　新曜社

中村伸一（2006）特集　親面接・親相談再考　特集にあたって　精神療法　Vol.32 No.4 pp.409−413.

楢林理一郎（2013）家族療法の理論　円環的認識論　日本家族研究・家族療法学会編　家族療法テキストブック　金剛出版　pp.24−27.

楢林理一郎・小森康永（2013）家族療法の理論　社会構成主義とナラティブ・アプローチ　日本家族研究・家族療法学会編　家族療法テキストブック　金剛出版　pp.41−44.

西田泰子（2006）情緒障害児短期治療施設から　精神療法　Vol.32 No.4　pp.420−426.

浦田重治郎（2004）心理教育を中心とした心理社会的援助プログラムガイドライン（暫定版）厚生労働省精神・神経疾患研究委託費13指2統合失調症の治療およびリハビリテーションのガイドライン作成とその実証的研究研究成果

索　引

あ行

か行

さ行

た行

著者紹介

山口素子（やまぐち・もとこ）

京都大学大学院教育学研究科博士後期課程修了。博士（教育学）、ユング派分析家。日本ユング心理学会認定心理療法士。臨床心理士。公認心理師。現在、山口分析プラクシス主宰。日本ユング研究所トレイニングアナリスト、日本ユング心理学会理事、日本ユング派分析家協会副会長。主な著訳書に、『山姥、山を降りる——現代に棲まう昔話』（単著、新曜社、2009年）『基礎から学ぶ心理学・臨床心理学』（共編著、北大路書房、2009年）『心理療法と物語』（共著、岩波書店、2001年）『青年期女子の女性性に関する研究』（単著、風間書房、1995年）『女性性の再発見——肥満とやせ症を通して』（共訳、創元社、1987年）などがある。

事例提供者紹介

渡部みもえ（わたべ・みもえ）

五条烏丸心理オフィス
臨床心理士、公認心理師

中井由佳子（なかい・ゆかこ）

京都こころの相談オフィス
ユング派分析家、日本ユング心理学会認定心理療法士、臨床心理士、公認心理師

親面接《おやめんせつ》の実践《じっせん》　子《こ》と親《おや》を共《とも》に支《ささ》える心理療法《しんりりょうほう》

2022年7月20日第1版第1刷　発行

著　者　山口素子
発行者　矢部敬一
発行所　株式会社 創元社
〈本　　社〉〒541-0047
大阪市中央区淡路町4-3-6
電話(06)6231-9010(代)
〈東京支店〉〒101-0051
東京都千代田区神田神保町1-2　田辺ビル
電話(03)6811-0662(代)
〈ホームページ〉https://www.sogensha.co.jp/

装丁・組版　文図案室 中島佳那子＋中島敦貴
印　刷　太洋社

©2022 Printed in Japan　ISBN978-4-422-11784-3　C3011